Susanna Matt-Windel

Werden am Du – Dialogik in der Eltern-Kleinkind-Beratung

Ein philosophisch-pädagogisches Handlungskonzept nach der Dialogphilosophie Martin Bubers am Beispiel der interaktionellen Eltern-Kleinkind-Beratung

DIALOGISCHES LERNEN

Herausgegeben von Dr. Cornelia Muth

1 *Cornelia Muth*
Willst Du mit mir gehen, Licht und Schatten verstehen?
Eine Studie zu Martin Bubers Ich und Du
ISBN 3-89821-337-4

2 *Susanna Matt-Windel*
Werden am Du – Dialogik in der Eltern-Kleinkind-Beratung
Ein philosophisch-pädagogisches Handlungskonzept nach der Dialogphilosophie Martin Bubers am Beispiel der interaktionellen Eltern-Kleinkind-Beratung
ISBN 3-89821-374-9

Susanna Matt-Windel

WERDEN AM DU – DIALOGIK IN DER ELTERN-KLEINKIND-BERATUNG

Ein philosophisch-pädagogisches Handlungskonzept nach der Dialogphilosophie Martin Bubers am Beispiel der interaktionellen Eltern-Kleinkind-Beratung

ibidem-Verlag
Stuttgart

Bibliografische Information Der Deutschen Bibliothek

Die Deutsche Bibliothek verzeichnet diese Publikation in der Deutschen Nationalbibliografie; detaillierte bibliografische Daten sind im Internet über <http://dnb.ddb.de> abrufbar.

∞

Gedruckt auf alterungsbeständigem, säurefreien Papier
Printed on acid-free paper

ISBN: 3-89821-374-9

Printed in Germany

Vorwort der Herausgeberin

Die vorliegende Studie *„Werden am Du – Dialogik in der Eltern-Kleinkind-Beratung“* setzt die Reihe *Dialogisches Lernen* im ibidem-Verlag fort. Der Titel soll den Bezug der sozialpädagogischen Beratungspraxis zum Dialogischen Denken und zur Dialogphilosophie Martin Bubers deutlich machen. Beide Bereiche zielen auf den Dialog, auf das echte Gespräch, auf die Hinwendung zum Ich-Du.

Frau Matt-Windel stellt diesbezüglich in ihrer Arbeit dar, wie fundamental das wirkliche Meinen und Ansprechen des Gegenübers für das Wachstum eines Säuglings und die Beziehung zu seinen ersten Bezugspersonen sind. Dieses dialogische Zwischen wirkt entscheidend für die Entwicklung von Vertrauen, und laut neuesten Erkenntnissen der Neurobiologie erweisen sich echte Bindungserfahrungen auch als die beste Prophylaxe gegen Gewalt.

Des weiteren verbindet die Autorin kreativ und kenntnisreich die neuesten Untersuchungsergebnisse aus der psychoanalytischen Säuglingsforschung mit dem Existenzialismus des jüdischen Denkers Martin Buber.

In der Tat ist diese Zusammenführung ein Muss für jeden Menschen, der noch das wahre „Humanum“ in der Welt erhalten will. Die Begegnung mit dem vorliegenden Text wird tiefsinnig sein und auf das jeweilige Leben der LeserInnen wirken, denn *Alles wirkliche Leben ist Begegnung*.

Prof. Dr. Cornelia Muth
Herausgeberin der Reihe

Inhaltsverzeichnis

Einleitung

„Der Mensch wird am Du zum Ich“ schreibt Martin Buber in seinem Hauptwerk „Ich und Du“ (2002, 19) in dem er die Grundzüge des dialogischen Prinzips darlegt. Dieses „Apriori der Beziehung“(ebd., 31) umfasst das Thema der vorliegenden Studie, und zwar zum einen philosophisch betrachtet und zum anderen auf die Beziehung zwischen Eltern und Kind bezogen. Dabei berührt die Haltung, die sich in der Dialogphilosophie ausdrückt, wesentliche Elemente einer dialogischen Haltung in der sozialpädagogischen Praxis.

Ausgehend vom Interesse an Bubers Dialogphilosophie und am Schwerpunkt sozialpädagogischer Arbeit in der Eltern-Kleinkind-Beratung[1] stand die Frage im Raum, inwiefern es Bezüge zwischen Philosophie und Beratung gibt und welche Kompetenzen für eine dialogisch verstandene Haltung in der Beratung erforderlich sind.

Das Ziel dieser Auseinandersetzung ist die Darlegung einer philosophischen Basis eines Handlungskonzepts für die Beratungstätigkeit in der sozialpädagogischen Praxis, im Besonderen in der Arbeit mit Eltern und ihren Kleinkindern.

Der philosophische Teil der Studie beginnt, nach einer kurzen biographischen Einführung, mit zentralen Themen der Dialogphilosophie Bubers.

Zentrale Themen in Bubers Denken sind das dialogische Prinzip, seine anthropologischen Grundlagen und eine problemgeschichtliche philosophische Einordnung des dialogischen Prinzips.

Des Weiteren wird Bubers Position zu Fragen von Verantwortung und Schuld dargelegt, die als wichtige Fragen im Beratungsprozess wie auch in der erzieherischen Tätigkeit auftauchen können und deshalb besondere Aufmerksamkeit verdienen.

Die philosophischen Betrachtungen schließen mit dem Beitrag Bubers zum erzieherischen Verhältnis, in dem zentrale Merkmale der dialogischen Haltung für die Praxis ausgearbeitet werden und der insofern als Überleitung zum zweiten Teil der Studie zu sehen ist.

---

1 Um die Beschreibung für die hier vorzustellende Beratungsform zu vereinheitlichen, wird in der vorliegenden Arbeit der Begriff „Eltern–Kleinkind-Beratung“ gewählt, damit sind Eltern mit Kindern im Alter von 0-3 Jahren angesprochen.

Um die Dialogphilosophie in Bubers eigenem Denk- und Schreibstil zu vermitteln, wird Buber selbst in häufigen Zitaten zu Wort kommen. Die Lesbarkeit und das Verständnis seiner Schriften betreffend, sei darauf hingewiesen, dass Bubers Dialogphilosophie in der Tradition hebräisch-jüdischen Denkens steht, die sich grundlegend von der uns vertrauteren aristotelisch-griechischen Tradition unterscheidet. Dieser Unterschied könnte u.a. die Schwierigkeit erklären, die sich beim Lesen Buberscher Schriften oft einstellt und die sich in einer gewissen Fremdheit äußern kann. Es ist nicht das Anliegen der Studie, das Denken Bubers zu diskutieren, etwa in der Auseinandersetzung mit der kritischen Theorie um Adorno (1971). Es geht darum sich auf Bubers Denken einzulassen, um den Versuch zu verstehen, was er mit seinen Begriffen „Dialog“, „Beziehung“, „Begegnung“ oder „Urdistanz“ und „Anderheit“, „Antwort“ und „Verantwortung“ gemeint haben könnte (Reichert 1996, 7ff). Leserin und Leser sind eingeladen, sich auf den Denk- und Schreibstil Martin Bubers einzulassen, der besonders durch seine Unmittelbarkeit und Prozesshaftigkeit gekennzeichnet ist.

Das große Gebiet der neueren Säuglingsforschung, das im Rahmen dieser Studie auf einige RepräsentantInnen begrenzt werden muss, folgt dann im zweiten Teil.
Einige neuere Erkenntnisse bezüglich der perzeptuellen, affektiven und kognitiven Fähigkeiten des Säuglings und eine daraus resultierende neue Perspektive zur Entwicklung des Selbst werden vorgestellt.
Auch die Erkenntnisse aus der Bindungstheorie sind ein wertvoller Beitrag zur Diskussion, inwiefern Bubers Dialogphilosophie auf die Eltern-Kleinkind-Beratung angewendet werden kann.
Nachdem das Augenmerk eher auf das Kleinkind gerichtet wurde, schließt sich eine Betrachtung des Übergangs zur Mutterschaft, Schwangerschaft und Frühentwicklung, mit dem Blick auf die frühe Anbahnung der Beziehung zwischen Mutter und Kind an, der eine kritische Perspektive zum psychoanalytischen Weiblichkeitsentwurf aus feministischer Sicht hinzugefügt wird.
Ein Beitrag zu Selma Fraibergs Beschreibung der Störenfriede in der frühen Beziehung zwischen Eltern und Kind leitet über zur Vorstellung des „Münchner Modells einer interaktionszentrierten Säuglings-Eltern-Beratung und – Psychotherapie“ das von Mechthild Papousek vertreten wird.

In der abschließenden Diskussion geht es darum zu überprüfen, inwiefern Bezüge und Anregungen zwischen den verschiedenen Sichtweisen erkennbar und nutzbar für eine philosophische Begründung eines Beratungsansatzes sind.

Das Anliegen dieser Studie ist, wie oben beschrieben, letztlich praxisbezogen. Um die Hauptlinien der Arbeit nicht aus den Augen zu verlieren musste an manchen Stellen auf eine ausführlichere theoretische Darstellung der Dinge verzichtet werden. Darauf wird an den entsprechenden Stellen hingewiesen. Im wesentlichen handelt es sich um ausführlichere philosophische oder entwicklungspsychologische Inhalte, deren Ausarbeitung den Umfang der Darstellung sprengen würde. Ebenso mussten soziologische Aspekte der kindlichen Entwicklung (z.B. primäre Sozialisation) weitgehend unbearbeitet bleiben.

Zum Schluss noch zwei formale Hinweise: Graue Literatur erscheint nicht im Literaturverzeichnis, sondern im laufenden Text als Fußnote. In meiner Studie möchte ich eine Schreibweise benutzen, die beiden Geschlechtern gerecht wird. In der Wiedergabe der verschiedenen AutorInnen passe ich mich jedoch deren Diktion an, in der Hoffnung, dass dieses uneinheitliche Schriftbild der Lesbarkeit keinen wesentlichen Abbruch tut.

Dialogphilosophie nach Martin Buber

1. Das dialogische Prinzip

1.1 Wer war Martin Buber?

Die Liste ist lang: Für die einen Philosoph, für die anderen Theologe, religiöser Sozialist, unorthodoxer Jude, Zionist, Herausgeber, Übersetzer, Erwachsenenbildner, Lehrer, Schriftsteller, Sozialphilosoph, Religionswissenschaftler...
Buber lässt sich nicht eindeutig zu ordnen, was nicht verwundert, denn er wollte auch nicht eingeordnet werden. In seiner „Antwort" (Schilpp / Friedman 1963, 589) schreibt Buber auf die Frage, ob er denn Philosoph oder Theologe sei:

> „Soweit meine Selbstkenntnis reicht, möchte ich mich einen atypischen Menschen nennen. Vermutlich stammt meine Abneigung gegen die übliche exzessive Typologie letztlich aus dieser Tatsache".

Des weiteren erklärt er, inwiefern er Philosoph ist und wie er sich davon abgrenzt ein Theologe zu sein (vgl. ebd., 589f.)[2]. Als Philosoph versteht er sich insofern, als er Erfahrungen[3] und Einsichten, die er gemacht hatte, mittels der philosophischen Sprache und Methode weiterzugeben sich verpflichtet fühlte, weil diese Erfahrungen ein „Allgemeines" bedeuteten. Soweit das Philosophische, aber er schränkt ein, dass er nie, wie viele seiner „geliebten und verehrten Philosophen"[4] (ebd., 558) so in die Tiefen der Philosophie versunken sei.
Dass sein Werk nun ein theologisches sei, da man doch auf vielen Seiten dem Wort „Gott" und seinen Erfahrungen mit Gott begegne, lehnt er jedoch vehement ab. Theologie, als die Lehre von Gott zu betreiben und somit über Gott oder über das Wort Gottes etwas auszusagen, sei ihm nicht aufgegeben (vgl. ebd., 590). Zwar sei das theologische Element Fundament seines Denkens, aber nicht als Theologie, sondern als Glaubenserfahrung, welcher er die Selbstständigkeit seines Denkens verdanke (ebd., 590).

---

[2] Die Frage der Einordnung ist immer noch aktuell. Selbst in großen Universitätsbuchhandlungen findet man Buber unter Theologie und nicht bei den Philosophen eingeordnet.

[3] Den Begriff Erfahrungen verwendet Buber hier im Sinne von „das mir selbst unmittelbar Bekanntgewordene" (ebd. Fußnote 1). Also nicht kritisch wie in *Ich und Du*, wo er Erfahrungen in den Kontext der Gegenständlichkeit setzt (vgl. Kap. 1.3).

[4] Dazu zählten u.a. Kant und Nietzsche, von deren Denken er schon in jungen Jahren beeinflusst wurde und mit denen er sich immer wieder kritisch konstruktiv auseinander gesetzt hat.

An dieser Stelle sei etwas zu Buber als bekennenden Juden gesagt, denn ohne seine vom Chassidismus[5] beeinflusste Gläubigkeit kann man seine Dialogik nicht verstehen. Für Buber als bekennenden aber nicht praktizierenden Juden, „den Erzjuden", wie er sich selber nennt, ist die dialogische Haltung nicht ohne Gott, das ewige Du, zu denken. Obwohl Buber sich zu einem personalen Gott bekennt, dem Gott Abrahams, Jakobs und Isaaks, lässt er Raum für einen liberalen Gottesbegriff. Zu Beginn von „Ich und Du" (Buber 2002) beschreibt er die Sphären, in denen sich eine Ich-Du-Beziehung ereignen kann. Eine Ich-Du-Beziehung kann sich in oder mit der Natur oder mit Dingen ereignen, auch mit dem Menschen (das ist die uns am meisten vorstellbare), und

> „mit den geistigen Wesenheiten. Da ist die Beziehung in Wolke gehüllt, aber sich offenbarend, sprachlos, aber sprachzeugend. Wir vernehmen kein Du und fühlen uns doch angerufen..." (ebd., 10).

Unabhängig von dieser Tatsache ist, ob der Mensch glaubt oder nicht. Für Buber ist Gott, aber er ist kein Gott, der sich in Normen, Glaubensregeln oder Institutionen findet. Das ewige Du kann verstanden werden als kleinster gemeinsamer Nenner in der Anerkennung einer höheren Macht, einer Kraft, die über dem menschlichen Ermessen steht.

Das Thema, das sein Leben von Jugend an bis ins hohe Alter bewegt hat und ein Herzensanliegen war, ist die Verwirklichung seiner Dialogphilosophie, getragen von der Sehnsucht nach wirklicher Begegnung. Dass Buber schon in frühen Jahren eine schmerzhafte Erfahrung von nicht stattfindender, aber sehnlichst erwarteter Begegnung machen musste, war möglicherweise mit ein Beweggrund für dieses Lebensthema. So stellt er seinen „Autobiographischen Fragmenten" (Schilpp 1963, 1f.) eine Erzählung über das Verhältnis zu seiner Mutter voran. Diese Erzählung vermittelt etwas von der Beziehungssehnsucht des kleinen Kindes nach seiner Mutter und spannt schon in den Anfängen einen Bogen zwischen dem dialogischen Prinzip und

[5] Der osteuropäische Chassidismus ist die fromme, lebensfrohe religiöse Ausrichtung der einfachen ostjüdischen Bevölkerung, die im 18.Jh. von den armen und bildungsmäßig vernachlässigten Gebieten auf Polen und Galizien übergriff. Der Chabad - Chassidismus (chabad ein Kunstwort, das sich aus den hebräischen Worten für Weisheit, Einsicht, Wissen zusammensetzt) war eine Entwicklung seit 1900, in der es um die Verbindung zwischen Tradition, chassidischer Frömmigkeit und Zuwendung zur Moderne ging. Die schlichte Frömmigkeit der Chassidim gegenüber der rabbinischen Gelehrsamkeit und die Freude am Erleben chassidischer Gemeinschaft fanden nun auch im Bildungswesen Interesse. Buber war einer der wichtigen Interpreten dieses Chassidismus, wobei er innerhalb der jüdischen Lehre umstritten war (vgl. Brockhaus- Enzyklopädie 1987).

der interaktionellen Eltern-Kleinkind-Beratung, dem Thema dieser Studie. Buber erzählt von der Trennung seiner Eltern, die bedeutete, dass er mit drei Jahren auf das Gut der Großeltern in Lemberg kam, wo er einen großen Teil seiner Kindheit verbrachte. Buber beschreibt in diesem ersten Kapitel das erste Wahrnehmen nicht stattfindender Begegnung, nämlich die Verlassenheit, das „Nicht wieder Kommen" seiner Mutter. Eine Gewissheit, die ihm, nun vierjährig, durch das Nachbarmädchen zu teil wurde, denn die Großeltern sprachen nicht darüber und

> „das Kind (Martin Buber- MW) selber erwartete, seine Mutter bald wiederzusehen; aber es brachte keine Frage über die Lippen" (ebd., 1).

Die Aussage der Nachbartochter: „Nein, sie kommt niemals wieder zurück" blieb im Herzen des kleinen Martin haften,

> „aber schon nach etwa zehn Jahren hatte ich begonnen, es als etwas zu spüren, was nicht bloß mich, sondern den Menschen anging. Später einmal habe ich das Wort ‚Vergegnung' zurechtgemacht, womit etwa das Fehlen einer wirklichen Begegnung zwischen Menschen bezeichnet war" (ebd., 2).

Auch als Buber später als junger Erwachsener seine Mutter wiedersah, blieb die Erfahrung einer „Vergegnung" und er endet:

> „Ich vermute, daß alles, was ich im Lauf meines Lebens von der echten Begegnung erfuhr, in jener Stunde ... seinen Ursprung hat" (ebd., 2).

Zum Schluss nun noch einige wichtige Lebensstationen (vgl. Werner 1994, 204ff): Am 8. 2. 1878 wurde er in Wien geboren und lebte von 1881, bis zu seiner Rückkehr zum Vater 1892, bei seinen Großeltern in Lemberg. Dort erhielt er sehr früh eine umfassende sprachlich orientierte humanistische Bildung, die beiden Großeltern am Herzen lag. 1896 begann sein Studium der Philosophie, Kunstgeschichte und Literatur in Wien, das er später in Leipzig, Zürich und Berlin fortsetzte. In Zürich lernte er seine langjährige Lebensgefährtin und spätere Ehefrau Paula Winkler kennen, die als eine der ersten Frauen in Zürich studierte und selbst schriftstellerisch tätig war. Der junge Buber setzte sich intensiv mit Mystik auseinander, trat der zionistischen Bewegung bei, von der er sich nach Auseinandersetzungen mit Theodor Herzl vorläufig trennte. Ab 1905 beschäftigte er sich intensiv mit dem Chassidismus der für Buber, wie oben erwähnt, grundlegende religiöse Inspiration bedeutete. Bis 1916 lebte er in Berlin, dann zog er aus dem Getriebe der Stadt nach Heppenheim an der Bergstraße. Das Jahr 1916 markierte eine entscheidende Wende in Bubers Denken. Beeinflusst durch seinen Freund Landauer änderte er seine Einstellung zum Krieg, den er zuvor

befürwortet hatte. In Heppenheim entstanden wichtige Werke, in denen er seine Dialogphilosophie niederschrieb: 1919 Beginn der Niederschrift von „Ich und Du“[6], 1932 „Zwiesprache“, 1936 „Die Frage an den Einzelnen“. 1938 musste er mit seiner Frau Paula das nationalsozialistische Deutschland verlassen und emigrierte nach Palästina. Dort engagierte er sich, wie schon im Freien Jüdischen Lehrhaus in Frankfurt, das er als Nachfolger Franz Rosenzweigs leitete, in der Erwachsenenbildung. Ebenso war ihm die zionistische Frage Israels ein Anliegen, jedoch war er ein einsamer und unbeliebter Rufer in der Wüste, da er für die Gründung eines jüdisch-arabischen Staates eintrat. Aufgrund dieser Haltung wie auch durch sein unorthodoxes Judentum und die Tatsache, dass er als einer der ersten jüdischen Intellektuellen nach dem Holocaust mit den Deutschen das Gespräch wieder aufnahm[7], war er in Israel unbeliebt. Nach dem Krieg folgten Reisen ins Nachkriegsdeutschland und in die USA. Weitere wichtige Schriften entstanden. Hier sind nur die für diese Arbeit relevanten aufgezählt: 1951 „Urdistanz und Beziehung“, 1953 „Reden über Erziehung“, 1954 „Elemente des Zwischenmenschlichen“, 1957 „Schuld und Schuldgefühle“,1960 „Begegnung. Autobiographische Fragmente“.
1965 starb er 87-jährig in Jerusalem an den Folgen eines Sturzes.

1.2 Bubers dialogisches Prinzip als Handlungskonzept - ein Widerspruch?

„Ich habe keine Lehre, aber ich führe ein Gespräch“ (Schilpp 1963, 593). Dieses häufig angeführte Zitat Bubers weist gleich zu Beginn auf die Schwierigkeit des Unterfangens, Bubers dialogisches Prinzip, das eine Haltung der Unmittelbarkeit dem Menschen gegenüber beschreibt, zwischen der „keine Begrifflichkeit, kein Vorwissen und keine Phantasie [steht]“ (Buber 2001, 15), nach wissenschaftlichen Methoden zu bearbeiten.
Das dialogische Prinzip ist nicht systematisierbar, es ist keine Methode, es gibt keine Bubersche „Schule“. Werner (1994) bemerkt in seiner Einführung zu Buber:

[6] Diese wurde 1923 im Rahmen einer Vorlesung als Lehrauftrag für Religionswissenschaft an der Universität Frankfurt fertig gestellt.
[7] 1951 erhielt er den Goethepreis der Universität Hamburg. Dies war Anlass für die erste Nachkriegsreise nach Deutschland. 1953 wurde ihm der Friedenspreis des deutschen Buchhandels in Frankfurt verliehen.

> „Das dialogische Prinzip bezeichnet eine ‚Haltung', mit der der Einzelne der Wirklichkeit gegenübertritt, eine Haltung, die keiner geordneten Begriffsstruktur entspricht." (Werner 1994, 20).

Bei dem Anliegen dieser Studie, nämlich ein eigenes Handlungskonzept zu entwickeln, muss es jedoch möglich sein sich Buber wissenschaftlich zu nähern, ihn zu verstehen, mitteilbar zu machen und seine Denkmodelle für die sozialpädagogische Arbeit anwendbar zu machen. Bubers Dialogik wird hier also zunächst als Theorie gehandhabt, als ob sie ein systematisch theoretisches Gebäude sei.

Neben diesen Überlegungen ist auch vorauszuschicken, dass Buber, wenn er von einer „Haltung des Menschen" (Buber 2001, 7) spricht, immer auch Persönlichkeitsentwicklung impliziert. Dieses Anliegen findet besonders in seinem Büchlein „Der Weg des Menschen nach der chassidischen Lehre" (Buber 1960, ausgehend von einem Vortrag in Bentveld 1947) seinen Ausdruck. Buber nimmt den Leser und die Leserin mit auf einen Weg, der mit der „Selbstbesinnung" (ebd., 7) beginnt, „den besonderen Weg" (ebd., 15) zu wählen auffordert und erkenntlich macht, dass

> „[mit] jedem Menschen etwas Neues in die Welt gesetzt [ist], was es noch nie gegeben hat, etwas Ernstes und Einziges" (Buber 1960, 16).

Mit „Entschlossenheit" (ebd., 25) möge jede/r diesen Weg fortsetzen, ohne bei sich stehen bleibend zu verharren, um hier anzukommen „wo man steht" (ebd., 49). Diese nur im Überblick angedeuteten sechs Schritte, die „den Weg des Menschen" beschreiben, weisen darauf hin, dass es um mehr geht als um eine systematische Erfassung eines Denkmodells oder um eine weitere Methode professioneller Beratung.

Nun ist es das Ziel dieser Arbeit das eigene Handlungskonzept für die sozialpädagogische Arbeit auf eine philosophisch- pädagogische Grundlage zu stellen, diese hier zu entwickeln und transparent zu machen. Ein Konzept ist nach Geißler/Hege (1999) ein

> „Handlungsmodell, in welchem die Ziele, Inhalte, Methoden und Verfahren in einen sinnhaften Zusammenhang gebracht sind" (ebd.,23)

und benötigt eine Systematik und Struktur. Wie kann eine „Haltung der Unmittelbarkeit", die sich nicht systematisieren lässt, zu einem Handlungskonzept führen? Die Beantwortung dieser Frage muss bis zum Ende der Studie offen bleiben.

1.3 „Ich und Du“

Was ist das dialogische Prinzip?

Martin Buber spricht den Leser gleich zu Beginn ganz unvermittelt in seinem 1923 fertiggestellten grundlegenden Werk „Ich und Du“ (2002) an und beschreibt das Verhältnis des Menschen zur Welt als „zwiefältig“ (ebd., 7). Er beschreibt eine Grundhaltung, die sich in den Wortpaaren „Ich-Du“ und „Ich-Es“ ausdrückt. Die beiden Haltungen bilden sich kontrastiv zueinander ab. Buber erklärt in der ihm eigenen Sprache, was es mit diesen beiden Verhältnissen auf sich hat. Dabei unterscheidet Buber ganz allgemein die beiden Verhältnisse, indem nur die Ich-Du-Relation eine echte Beziehung meint, während das Ich-Es Ausdruck eines einfachen Verhältnisses bleibt (vgl. Werner 1994, 22).

Mit Ich-Du meint Buber eine Grundhaltung, die existentielle Begegnung ermöglicht, die jenseits vom Schein und vom „Reden über“ geschieht, im vollen Gewahrsein des Gegenübers, der Dinge und der Welt. Ich-Du stiftet eine wesenhafte Beziehung zwischen Mensch und Natur, Mensch und Mensch sowie Mensch und geistigen Wesenheiten. Dieses Ich-Du geschieht,

> „begegnet mir von Gnaden - durch Suchen wird es nicht gefunden. Aber dass ich zu ihm das Grundwort spreche, ist Tat meines Wesens, meine Wesenstat....Die Beziehung zum Du ist unmittelbar....Zwischen Ich und Du steht keine Begrifflichkeit, kein Vorwissen und keine Phantasie“ (Buber 2002, 15).

Die Beziehung, die geschieht, beruht auf Gegenseitigkeit in der Gegenwart. Sie ist ohne Vergangenheit und Zukunft:

> „Beziehung ist Gegenseitigkeit. Mein Du wirkt an mir, wie ich an ihm wirke“ (ebd., 19).

Ich-Es dagegen steht für eine vergangenheits- bzw. zukunftsorientierte Haltung, die das Gegenüber zum Objekt macht. Eine Ich-Es-Beziehung hat keine Gegenwart. Sie ist eher dem Dinglichen verhaftet, birgt die Gefahr der Funktionalisierung des Anderen, schafft Abhängigkeit. Ein Ich-Es-Verhältnis zieht Grenzen zwischen einzelnen Erfahrungsbereichen, macht das Gegenüber zum Gegenstand, über den ich meine etwas zu wissen. Eine Ich-Es-Haltung begegnet der Welt auch in Erfahrungen. Erfahrungen werden gemacht: „Ich erfahre etwas“ (ebd., 9). Buber beschreibt sehr ausführlich, inwiefern Erfahrungen, die für unser Sprachverständnis wertvolle Lernprozesse beinhalten, der Ich-Es-Welt angehören. Sie geschehen nämlich im Menschen und nicht in der Beziehung des Menschen zur Welt bzw. zu einem anderen Menschen. Erfahrungen beziehen sich auf gemachte Erlebnisse, die keine neuen Räume erschließen, sondern den Blick in die Vergangenheit lenken. Ein Ich-Es-Verhältnis benutzt die Welt, ordnet sie und macht die eigene Ordnung zur Weltordnung, wobei sich häufig Machtverhältnisse etablieren. Das Grundwort Ich-Es ist das „Wort der Trennung“ (ebd., 27).

Eine Ich-Du-Beziehung eröffnet das Gespräch, in dem sich zwei Menschen authentisch mit ihrem ganzen Wesen begegnen. Es gibt nur ein Ich-Du zwischen Subjekt und Subjekt. Ich-Du vollzieht sich in der Gegenwart, entzieht sich jeglicher Kontrollen und Machbarkeit.

Ich-Du macht wesenhafte Begegnung möglich. Begegnung, dieses zentrale Wort in Bubers Denken und Schaffen, meint Begegnung, die sich nur in der Gegenwart vollzieht. „Alles wirkliche Leben ist Begegnung“ (ebd., 15).

„Gegenwart“, ein weiterer wichtiger Begriff in Bubers Denken, ist nicht greifbar einzuordnen, festzulegen oder festzuhalten. Wirkliche Begegnung findet in der „Gegenwart“ statt, die sich immer wieder neu schafft. Es ist ein Akt der Hinwendung zum Anderen. Dabei bedarf es keiner besonderen Momente um diese Ich-Du-Begegnung zu stiften, sondern sie geschieht im Alltag, im Hier und Jetzt, wenn sich z.B. zwei Blicke im Bus treffen, wenn bei einer kontroversen Meinung WissenschaftlerInnen sich im gegenseitigen Respekt und anerkennender Wertschätzung würdigen, wenn zwei Liebende die Andersartigkeit des Anderen erkennen und dabei tiefe Verbundenheit spüren. Im Ich-Du gebe ich mich rückhaltlos und sage, was gesagt werden muss, schweige, wenn zu schweigen ist. „Rückhaltlosigkeit“, ein weiterer Begriff in Bubers Dialogphilosophie, meint die Bereitschaft sich dem Anderen, der „Anderheit“ wie Buber es nennt, zu öffnen, sie als anders wahrzunehmen und aufzunehmen (vgl. Werner 1994, 62). „Rückhaltlosigkeit“ macht Ich-Du erst möglich, beinhaltet aber dadurch das Risiko sich verletzlich zu machen.

> „Das Grundwort Ich-Du kann nur mit dem ganzen Wesen gesprochen werden, wer sich dran gibt, darf sich nicht vorenthalten“ (Buber 2001, 14).

Der Mensch gibt sich in seiner nackten Existenz der Begegnung hin. „Wer Du spricht, hat kein Etwas, hat nichts. Aber er steht in der Beziehung“ (ebd., 8). Wie anfangs erwähnt, lässt sich das dialogische Prinzip nicht in ein Schema pressen. Man kann versuchen beschreibend mit dem Leser und der Leserin in Kontakt zu kommen und etwas von der Sphäre in der Ich-Du geschieht, entstehen zu lassen. Ein Zitat aus „Ich und Du“ spricht für sich:

„Über sie[die Gegenwart- MW] kannst du dich mit anderen nicht verständigen, du bist einsam mit ihr; aber sie lehrt dich andern begegnen und ihrer Begegnung standhalten; und sie führt dich, durch die Huld ihrer Ankünfte und durch die Wehmut ihrer Abschiede, zu dem Du hin, indem die Linien der Beziehungen, die parallelen, sich schneiden. Sie hilft dir nicht, dich im Leben zu erhalten, hilft dir nur, die Ewigkeit zu ahnen" (ebd., 37).

1.4 Das echte Gespräch - keine Gebrauchsanweisung

Einiges ist nun schon gesagt zur Dialogphilosophie, mit der Buber ein „neues Denken"(Werner 1994, 13 f.) beschreibt und das für Buber durch die Auseinandersetzung mit der chassidischen Überlieferung 1905 seinen Anfang fand (vgl. Buber 2002, 307).

In der Schrift „Elemente des Zwischenmenschlichen" (ebd., 271 ff.) weist Buber auf die Sphäre hin, in der das Dialogische sich entfaltet. „Das Zwischenmenschliche", oder „das Zwischen", ist für Buber nicht das soziale Miteinander zwischen Menschen, wie der allgemeine Sprachgebrauch es vorsieht und auch nicht ein psychologisches Phänomen, was nahe läge, sondern „das Zwischenmenschliche" beschreibt vielmehr den Raum, in dem das Dialogische geschieht, wenn Menschen sich „einander-gegenüber" (ebd., 276) begegnen und dadurch in wirkliche Beziehung eintreten. Das äußert sich z. B. im echten Gespräch, in dem „das Zwischen" durch „personale Vergegenwärtigung" (ebd., 282 ff.) entsteht, d.h. wahrhafte Personen begegnen sich in ihrem ganzen konkreten Sein. Es geht um die Anerkennung und Wahrnehmung der ganzen Person, um Bestätigung der anderen Person in ihrem So-sein, in ihrer Andersartigkeit.

Neben der „personalen Vergegenwärtigung" bedarf es einer weiteren Gabe, die jedem Menschen innewohnt, der „Realphantasie" (ebd., 286)[8]. Buber zieht diesen Begriff der Intuition vor,

„denn in ihrem eigentlichen Wesen ist sie nicht mehr ein Anschauen, sondern ein kühnes, fluggewaltiges, die intensivste Regung meines Seins beanspruchendes Einschwingen ins Andere, wie es eben die Art aller echten Phantasie ist, nur dass hier der Bereich meiner Tat nicht das Allmögliche, sondern die mir entgegentretende besondere Person ist, die ich mir eben so und nicht anders in ihrer Ganzheit, Einheit

[8] Personale Vergegenwärtigung, Vergegenwärtigung, Realphantasie und, aus der erzieherischen Perspektive, die Umfassung sind Begriffe, die Buber unterschiedlich einsetzt um das In Beziehung treten zu verdeutlichen. Manchmal lassen sich die Begriffe nicht scharf abgrenzen.

> und Einzigkeit und in ihrer all dies immer neu verwirklichenden dynamischen Mitte zu vergegenwärtigen versuchen kann" (ebd.).

Als drittes wäre noch die Erschließung zu nennen, eine dialogische Haltung, die besonders in der Erziehung, aber auch in jeder Begegnung von Bedeutung ist. Sie geht von dem Grundvertauen aus,

> „dass in einem jeden Menschen das Rechte in einer einmaligen und einzigartig personhaften Weise angelegt ist (ebd., 289)"

und nur noch zu seiner Entfaltung drängt.

Was uns hindert, in wirkliche Begegnung mit dem anderen zu treten, liegt oft an den „Scheingestalten"[9], die sich immer in die Begegnung mit dem Anderen einmischen. Buber beschreibt sechs Scheingestalten, die in den Vorstellungen (Konstruktivisten heute würden es Konstruktionen nennen) die sich jeder der Gesprächspartner jeweils über sich selbst und den Anderen macht, herumgeistern. Da ist die Vorstellung, wie ich dem anderen erscheinen will, dann die Gestalt, wie ich dem Anderen erscheine und auch, wie ich mir selbst erscheine. Diese drei Gestalten auf jeder Seite ergeben sechs Gestalten - und eigentlich sind da noch zwei Gestalten, wie sie wirklich sind, jenseits von Schein, authentisch in ihrer Person (ebd., 279).

In der Sphäre zwischen zwei Personen, die sich ohne Schein begegnen, geschieht das Zwischenmenschliche, das auch im Schweigen entstehen kann. Es ist der Raum der „aufrecht gehenden Seele", um mit Buber zu sprechen (ebd., 280).

Das echte Gespräch braucht also Sein ohne Schein, ein authentisches Hinwenden zum Anderen, ein Einander-Bestätigen - was allerdings nicht bedingungslose Billigung heißt - Vergegenwärtigung übend. Es fordert rückhaltloses Sich-Einbringen und auch Einbeziehen aller Beteiligten. Der Ausschluss einzelner, aus welchen Gründen auch immer, kann das echte Gespräch verhindern..

In der Zusammenfassung mag das wie eine Gebrauchsanweisung klingen, die so nicht funktionieren wird, denn das echte Gespräch, das Dialogische, kann nicht angeordnet werden. Es kann entstehen, wenn Menschen im Werden begriffen sind, im Ringen um das eigene Sein ohne die Beziehung zum/zur Anderen zu vernachlässigen:

---

[9]Hier sei schon auf eine ähnliche, nun psychologische, Beobachtung von Selma Fraiberg (1980) hingewiesen, die sie in ihrer Arbeit über die „Geister im Kinderzimmer", die als ungebetene Gäste sich in die Eltern-Kind-Beziehung einmischen und mitunter sehr störend sind, beschrieben hat. Im zweiten Teil der Studie wird davon noch die Rede sein.

> „Nicht das Selbst als solches ist das Letztwesentliche, sondern dass der Schöpfersinn des menschlichen Daseins sich je und je als Selbst erfülle. Die erschließende Funktion zwischen den Menschen, die Hilfe zum Werden des Menschen als Selbst, das Einander-Beistehn zur Selbstverwirklichung des schöpfungsgerechten Menschen ist es, das das Zwischenmenschliche zu seiner Höhe führt. Erst in zwei Menschen, von denen jeder, wenn er den andern meint, zugleich das Höchste meint, ... ohne dem anderen etwas von der eigenen Realisierung auferlegen zu wollen, stellt sich die dynamische Herrlichkeit des Menschenwesens leibhaft dar" (ebd., 291 f).

1.5 Anthropologische Grundlagen – „Urdistanz und Beziehung"

Das letztgenannte Zitat weist auf eine weitere wichtige Schrift Martin Bubers hin. „Urdistanz und Beziehung" (Buber 1978) entstand 1953, also 30 Jahre nach „Ich und Du". Sie liefert die anthropologische Begründung des dialogischen Seinsprinzips (Das dialogische Prinzip), das nach einer geistesgeschichtlichen Einleitung (Das Problem des Menschen) auch eine anthropologische Grundlegung und Absicherung verlangt (vgl. Buber 1978, 42). Hier stellt er „die Frage nach dem Prinzip des Menschseins, nach seinem Anfang also" (ebd., 9). Buber, als einem Vertreter existentialistischer Philosophie, geht es um die Seinskategorie des Menschen, nicht um Fragen der Evolution. Worin hat

> „die Seinskategorie, die mit dem Namen des Menschen bezeichnet wird...ihren Grund und Anfang" (ebd.)?

Wie Buber in der Darlegung des dialogischen Prinzips eine zwiefältige Haltung des Menschen zur Welt impliziert, so findet er auch hier als Prinzip des Menschen in Abgrenzung zum Naturhaften, etwa zum Tier,

> „ein doppeltes...in einer doppelten Bewegung sich aufbauend, und zwar solcher Art, daß die eine Bewegung die Voraussetzung der anderen ist" (ebd., 11).

Diese erste Bewegung nennt er „Urdistanzierung", die zweite das „In-Beziehungtreten".

> „Daß die erste die Voraussetzung der zweiten ist, ergibt sich daraus, daß man nur zu distanzierten Seienden, genauer: zu einem ein selbständiges Gegenüber gewordenen, in Beziehung treten kann" (ebd.).

Die Fähigkeit der Distanzierung bleibt dem Menschen vorbehalten. Er nur ist in der Lage z.B. durch Triebaufschub oder Triebverzicht Distanz zum Geschehen aufzubauen. Er kann den Anderen als Anderen wahrnehmen, ja nach Buber muss er das sogar als Voraussetzung um wirklich in Beziehung treten zu können. Denn Beziehung ist kein symbiotisches Verschmelzen, sondern Beziehung ist erst möglich durch den Akt der Distanzierung zum Anderen, durch das Selbstständigwerden des Einzelnen. Im Gewahrsein und Akzeptieren dieser Distanz, Buber nennt es die „Anderheit" des Anderen sehen, kann echtes Gespräch, Dialog geschehen.

Die Urdistanz antwortet auf die Frage „Wie ist der Mensch möglich?" und „stiftet die menschliche Situation". Die Beziehung fragt „Wie verwirklicht sich das Menschsein? und stiftet damit „das Menschwerden in ihr"(ebd., 20).

Buber führt diesen Gedanken weiter aus, wenn er das Prinzip des Menschseins an dem Verhältnis der Menschen zueinander klärt (vgl. ebd., 26). Grundlage des „Mensch-mit-Mensch-seins" ist für Buber der Wunsch nach Bestätigtwerden:

> „Der Wunsch jedes Menschen, als das, was er ist, ja werden kann, von Menschen bestätigt zu werden, und die dem Menschen eingeborene Fähigkeit, seine Mitmenschen eben so zu bestätigen" (ebd., 28).

Bestätigen heißt:

> „Wahrnehmen und Annehmen des Anderen in seiner Einzigartigkeit und Anderheit" (Werner, 1994, 62).

Allerdings räumt Buber ein, dass diese Fähigkeit allzu oft brach liegt und die Menschen sie selten nutzen um eine Sphäre des Wachsens und der Selbstwerdung zu gewähren (vgl. Buber, 1978, 28).

Um die Fähigkeit der Selbstbestätigung (des Anderen und durch den Anderen die eigene) zu verwirklichen, bedarf es nämlich eines wichtigen Vorganges: der „Vergegenwärtigung". Buber meint damit die jedem Menschen innewohnende Gabe der „Realphantasie" (vgl. Kap. 1.4).

Mit Hilfe der Realphantasie ist der Mensch in der Lage den Anderen so in seiner Vorstellung wahrzunehmen, dass er gewahr wird, was dieser andere

> „eben jetzt will, fühlt, empfindet, denkt[10], und zwar nicht als abgelösten Inhalt, sondern eben in seiner Wirklichkeit ... als einen Lebensprozeß dieses Menschen" (ebd., 33)

---

[10] Man könnte dazu neigen den aus der Gesprächspsychotherapie bekannten Begriff der Empathie synonym zu verwenden. In einem berühmt gewordenen Gespräch zwischen Rogers und Buber (Dialogue between Martin Buber and Carl R. Rogers. In: Friedmann M (Hrsg.) (1965): The Knowledge of Man. S.166-184. First Harper Torchbook ed.) grenzte sich Buber allerdings in einigen Punkten deutlich von Rogers ab. So betonte Buber z.B. die Asymmetrie der therapeutischen Beziehung während Rogers von einer Wechselseitigkeit und Gleichheit ausgeht. Hier fehlt also der Aspekt der Anderheit.

„Realphantasie“ ist ein Teilaspekt der „Vergegenwärtigung“. Die „volle Vergegenwärtigung“ geht noch einen Schritt weiter. Denn

> „der Vorstellung [also der Realphantasie- MW] gesellt sich etwas vom Charakter des Vorgestellten selber“ (ebd., 34)

und wird so zur Vergegenwärtigung. Anderen Orts beschreibt Buber diesen Akt auch als „Umfassung“ (s.u. Kap.1.9 Buber als Erzieher). In der „Vergegenwärtigung“ wird der Schmerz des Anderen (des signifikant Anderen) selbst als Schmerz des Anderen empfunden. „Vergegenwärtigung“ drückt aus, was Eltern erleben, wenn ihren Kindern ein Leid geschieht, das sie selbst als Leid des Kindes spüren (Schmerz, Trauer, Verlassenheit).

Buber lässt nicht nach, darauf hinzuweisen, dass es sich hierbei nicht um ein gleiches Empfinden geht. Nein, die Vergegenwärtigung, die das Bedürfnis nach Bestätigtwerden in meinem Mensch-Sein möglich macht, setzt die „Distanzierung und Verselbständigung“ (ebd., 35) voraus. Die Distanzierung (die erste Bedingung des Menschseins) schafft die menschliche Situation, das gegenseitige Sein, und die gegenseitige Beziehung als zweite Bedingung schafft das Menschwerden im Mensch- Sein. Distanzierung und Beziehung als Kategorien des Menschseins und der Menschwerdung gehören zusammen.

Selbstwerdung, d.h. Menschwerdung ist für Buber ontologisch zu verstehen. Diese Selbstwerdung ist daher ein Prozess, der sich in Gegenseitigkeit mit dem Anderen vollzieht.[11]. Buber schreibt:

> „Denn das innerste Wachstum des Selbst vollzieht sich nicht, wie man heute gern meint, aus dem Verhältnis des Menschen zu sich selber, sondern aus dem zwischen Einem und dem Andern...in einem mit der Gegenseitigkeit der Akzeptation, der Bejahung und Bestätigung“ (ebd., 3).

Das dialogische Prinzip gründet also auf einer Anthropologie des Seins in der Gegenseitigkeit, das nach Bestätigung verlangt. Er setzt die Selbstwerdung des Menschen, man könnte auch Individuation sagen, in den Kontext der Gemeinschaft.

Er schließt seine philosophische Anthropologie mit den Worten:

> „In seinem Sein bestätigt will der Mensch durch den Menschen werden und will im Sein des anderen eine Gegenwart haben. Die menschliche Person bedarf der Bestätigung, weil der Mensch als Mensch ihrer bedarf“ (ebd., 37).

---

[11] Vorausgesetzt dieser will es. Für Buber besteht immer die Freiheit zu entscheiden.

1.6 Der Mensch mit dem Menschen - Eine philosophische Zeitreise nach Buber

Nachdem die anthropologische Begründung des dialogischen Prinzips vorangestellt wurde, folgt nun seine philosophiegeschichtliche Einordnung.

Buber unternimmt in seinem Buch „Das Problem des Menschen“ (Buber 2000) eine problemgeschichtliche Einordnung seiner Dialogphilosophie und eine kritische Auseinandersetzung mit zeitgenössischen Theorien. Das Buch sollte gleichzeitig als Einleitung für eine noch ausstehende anthropologische Begründung des dialogischen Prinzips dienen (ebd.)[12].

In der Auseinandersetzung mit der Entwicklung seiner philosophischen Anthropologie nimmt Martin Buber den Leser mit auf eine Reise durch die abendländische Philosophiegeschichte. Ausgehend von der Beobachtung, dass sich die Frage nach dem Menschen, die Immanuel Kant als Aufgabe für die philosophische Anthropologie erkenntnistheoretisch formuliert hat, nämlich:

> „Was kann ich wissen? Was soll ich tun? Was darf ich hoffen? Was ist der Mensch?“ (Kant zit. nach Buber 2000, 10).

beschreibt Buber drei wesentliche Krisen in denen der Mensch in eine „Hauslosigkeit“ (ebd., 22) geworfen wird, in deren tiefer Einsamkeit er sich die Frage nach dem Menschen stellt.

Im langsamen Wechsel zwischen „Behaustheit“ und „Hauslosigkeit“ entwickelt sich die philosophische Anthropologie über die verschiedenen Epochen hinweg.

Buber beginnt in der Antike und beschreibt, wie der aristotelische Mensch sich ein geordnetes kosmologisches Welthaus baut, das dem Menschen einen sicheren Ort gibt. Hier gibt es kein Ich, das zum Bewusstsein gelangt, die Sonderstellung des Menschen im Kosmos bleibt noch unentdeckt (vgl. Buber 2000, 23ff).

Erst die Dichotomie der Weltkugel in Gut und Böse, in Licht und Finsternis, wie sie die in der Blüte des Christentums sich weiter entwickelnde Gnosis vertritt, lässt den Menschen, hier den Kirchenvater Augustinus, die bange Frage nach dem Menschen stellen. Die Welt ist „hauslos“ (ebd.,25) geworden und Augustin schreibt gleich zu Beginn seiner Bekenntnisse:

> „Denn zu dir hin hast du uns geschaffen und unruhig ist unser Herz, bis es ruht in dir“ (Augustinus 1986, 31).

---

[12] Diese folgte dann in dem Bändchen *Urdistanz und Beziehung* 1953 .

Thomas von Aquin erst baut dem mittelalterlichen Menschen ein theologisches Glaubensgebäude, das dem Menschen wieder Behausung gewährt auf den Pfeilern des christlichen Glaubens (vgl. Buber 2000, 27ff).

Diese Behausung gegründet auf einer geozentrischen Weltsicht bricht jedoch zusammen durch die kopernikanische Wende. Das christliche Weltbild wird durch die neuen astronomischen Erkenntnisse in seinen Grundpfeilern erschüttert. Philosophiegeschichtlich wird allerdings erst hundert Jahre später durch den Mathematiker und religiösen Philosophen Blaise Pascal diese erneute „Hauslosigkeit“ zugespitzt formuliert, wenn er fragt:„qu'est-ce qu'un homme dans l'infini? (Pascal zit. nach Buber ebd., 31).

Der Mensch erkennt nun seine Einsamkeit in der Welt, die Welt erhält ein Gegenüber. Der Mensch, der sich in einer unendlichen Welt fühlt, kann sich nun kein Welthaus mehr bauen (ebd.).

Deshalb wird er sich ein Haus der Ideen bauen. Georg Friedrich Wilhelm Hegel baut der Welt des Idealismus ein Weltvernunftgebäude. Mit einer logisch durchdachten Systematik von These, Antithese und Synthese gibt er dem Menschen eine Ordnung, die im Abstrakten bleibt. Buber schreibt:

> „Der Mensch ist für ihn nur noch Prinzip, in dem die Weltvernunft zu ihrem vollkommenen Selbstbewußtsein und damit zu ihrer Vollendung gelangt; aller Widerspruch im Leben und in der Geschichte des Menschen führt nicht auf die anthropologische Fraglichkeit und Frage hin“ (ebd., 44).

Das Haus bleibt unbewohnbar, weil der Mensch das Konkrete braucht.

Auf dieses Konkretum weist Ludwig Feuerbach, erklärter Kämpfer gegen Hegel, indem er den Menschen als Ganzes, als konkretes Leben, in die Gemeinschaft von Mensch zu Mensch stellt. Er stellt den Gegenstand der Anthropologie, den konkreten Menschen in den Mittelpunkt allen Denkens und dies nicht als Individuum, sondern

> „er meint den Menschen mit dem Menschen, die Verbindung von Ich und Du. ‚Der einzelne Mensch für sich.... hat das Wesen des Menschen nicht in sich, weder in sich als moralischem, noch in sich als denkendem Wesen. Das Wesen des Menschen ist nur in der Gemeinschaft, in der Einheit des Menschen mit dem Menschen enthalten – eine Einheit, die sich nur auf die Realität des Unterschieds zwischen Ich und Du stützt'“ (Feuerbach zit. nach Buber ebd., 61 f.).

Für Feuerbach ist der Mensch zwar nicht zum Problem geworden, aber er macht einen entscheidenden Schritt für die Entwicklung der Anthropologie.

> „Feuerbach [hat] mit seinem Satz jene Du-Entdeckung eingeleitet, die man die ‚kopernikanische Tat' des modernen Denkens genannt hat, das genauso folgenschwer ist wie die Ich-Entdeckung des Idealismus'" (Heim zit. nach Buber ebd., 62).

Buber ist schon in jungen Jahren entscheidend von Feuerbachs Denken angeregt worden.

Der lange Weg der abendländischen Anthropologie zwischen geordneter „Behaustheit" und einsamer „Hauslosigkeit" endet bei Friedrich Nietzsche, der noch einmal den Menschen als problematisches Wesen erkennt und die anthropologische Frage wieder auftauchen lässt. Für ihn ist der Mensch nicht Geistwesen, sondern das „noch nicht festgestellte Tier" (ebd., 74), der Mensch, der am Rande der Natur existiert, jenseits des Randes ist nur noch das Nichts. Nietzsches Mensch muss noch werden. Er stellt die Frage nach dem Menschen mit großer Dringlichkeit und entwikkelt ein pessimistisches Menschenbild; der vom Machtwillen besessene Mensch, der erst als Übermensch zum wirklichen Menschen wird (vgl. ebd., 74).

Buber ist nun bei der zeitgenössischen Existentialphilosophie angelangt, aber nicht ohne auf die Schwierigkeiten des Menschen in der heutigen Zeit hinzuweisen. Da sind einmal soziologische Gegebenheiten zu nennen, die sich in ständiger Auflösung befindlichen alten haltgebenden organischen Formen von Gemeinschaft, die durch Zugehörigkeit zu organisierten Formen (Gewerkschaft, Partei) abgelöst werden und den Menschen in die Tiefe der Einsamkeit entlassen. Und zum zweiten sind die technischen, wirtschaftlichen und politischen Entwicklungen, die Buber als menschliche Werke bezeichnet, denen der Mensch nicht mehr gewachsen ist. Eine Welt ist entstanden, die der Mensch nicht mehr bewältigen kann (vgl. ebd., 81 ff).

Philosophisch führt uns Buber in das Denken eines einsamen Philosophen und Theologen ein: Sören Kierkegaard, der schon im frühen 19.Jh. beginnt existentialistisch zu denken, der erkennt, dass der Mensch zum Einzelnen werden muss. Der einzelne konkrete Mensch erst kann im Verhältnis zu einem anderen stehen. Der einzeln gewordene wird aber nicht

> „als isoliertes Wesen, sondern in der Problematik seiner Verbundenheit mit dem Absoluten betrachtet" (ebd., 92).

Da das Verhältnis zum Anderen im wesentlichen ein Verhältnis zum Absoluten ist, handelt es sich bei Kierkegaard um eine theologische Anthropologie. Für die philosophische Anthropologie bot Kierkegaards Denken eine wichtige Voraussetzung. Jedoch musste seinem Denken die theologische Voraussetzung genommen werden, um zu einer gültigen philosophischen Anthropologie zu gelangen, ohne die Erkenntnis über den Menschen, der in einem Verhältnis zum Anderen (Absoluten) steht, zu vernachlässigen (vgl. ebd.).

Martin Heideggers Fundamentalontologie, d.h. seine Lehre vom Dasein als solchem, als Voraussetzung allen Denkens, bleibt für Buber im Kern monologisch, vernachlässigt also die für Buber wesentliche Erkenntnis Feuerbachs und Kierkegaards, dass der Mensch in einem Verhältnis stehe und sich nur dadurch sein Menschsein begreifen lässt.

Heidegger bleibt wie Hegel im Abstrakten, das Dasein als solches wird nicht konkret (vgl. ebd., 101). Wo Nietzsches Vereinsamung in der Gewissheit des „Gott ist tot" begründet liegt, wirft Heidegger den Einsamen auf sich selbst zurück, auf sein nacktes Dasein, dem er sich immerzu verschuldet. Der Mensch ist hier ein geschlossenes Selbst (vgl. ebd., 103).

Auch die Weltgrund-Vorstellung von Max Scheler, des zweiten zeitgenössischen Philosophen, der sich als Schüler des Phänomenologen Husserl der anthropologischen Frage stellt, kann Buber nicht befriedigen. Buber sieht das duale gnostische Denken in Schelers Auffassung von Geist und Trieb, die im Menschen gespalten sind, und er kritisiert Schelers pathogenes Menschenbild. Schelers Anthropologie hat

> „den erkrankten Menschen, der von der Welt getrennt und in Geist und Triebe gespalten ist [zum Gegenstand]. Solang wir wähnen, dieser kranke Mensch sei *der* Mensch, der normale Mensch, der Mensch überhaupt, werden wir ihm keine Heilung bringen (Hervorhebung im Original)" (ebd., 156).

Zum Ende seiner Betrachtung formuliert Buber die Frage nach dem Wesen des Menschen immer präziser, und zwar mit folgenden Worten:

> „Erst der Mensch, der die ihm möglichen Beziehungen mit seinem ganzen Wesen in seinem ganzen Leben verwirklicht, hilft ... wahrhaft den Menschen zu erkennen. Und da, wie wir gesehen haben, erst dem einsam gewordenen Menschen sich die Frage nach dem Wesen des Menschen in ihren Tiefen eröffnet, weist der Weg zur Antwort auf den Menschen hin, der die Einsamkeit überwindet ohne ihre fragende Kraft einzubüßen"(ebd., 158).

Um den Menschen „mit seinem ganzen Wesen und in seinem ganzen Leben" zu erfassen postuliert Buber eine Anthropologie, die alle Lebensverhältnisse des Menschen einbezieht. Für Buber sind dies drei wesentliche Verhältnisse:

> „Sein Verhältnis zu der Welt und den Dingen, sein Verhältnis zu den Menschen, und zwar zu den Einzelnen wie zur Vielheit, und sein Verhältnis zu dem zwar auch durch all dies durchscheinenden, aber all dies grundhaft transzendierenden Geheim-

> nis des Seins, das der Philosoph das Absolute und der Gläubige Gott nennt, das aber für den, der beide Beziehungen verwirft, nicht faktisch aus seiner Situation ausgeschaltet werden kann" (ebd., 118).

In einer kosmischen und sozialen Heimatlosigkeit lebend, von Weltangst und Lebensangst geprägt, ist der Mensch heute erneut „hauslos" und einsam. Der moderne Individualismus bzw. der moderne Kollektivismus sind Versuche über die Einsamkeit hinwegzutäuschen. Der Individualismus versucht über die Verherrlichung der Vereinzelung den Ausweg zu beschreiten, der Kollektivismus unterstellt die Illusion der Vereinzelung zu entgehen, indem der Mensch in die Gruppe eingeht. Wo im Individualismus der Mensch auf sich selbst bezogen ist, wird in kollektiven Gebilden der Mensch überhaupt nicht gesehen, sondern verschwindet in der Menge (vgl. ebd., 162).

Am Ende der Analyse lenkt Buber noch einmal den Blick auf den Menschen, der in der Tiefe der Einsamkeit die existentielle Frage nach dem Menschen stellt. Nur der Mensch, der sein Leben wesenhaft in allen seinen möglichen Beziehungen verwirklicht, „ohne die fragende Kraft einzubüßen" (ebd., 158) und seine Einsamkeit zum Anderen hin überwindet, wird helfen der Frage nach dem Menschen näher zu kommen. Somit verweist der Ausblick am Ende der Erörterung auf das dialogische Prinzip als Grundhaltung des Menschen. Buber formuliert es so:

> „Betrachte den Menschen mit dem Menschen und du siehst jeweils die dynamische Zweiheit, die das Menschenwesen ist, zusammen: hier das Gebende und hier das Empfangende, hier die angreifende und hier die abwehrende Kraft, hier die Beschaffenheit des Nachforschens und hier die des Erwiderns und immer beides in einem, einander ergänzend im wechselseitigen Einsatz, miteinander den Menschen darzeigend....Wir mögen der Antwort auf die Frage, was der Mensch sei, näher kommen, wenn wir ihn als das Wesen verstehen lernen, in dessen Dialogik, in dessen gegenseitig präsentem Zu-zweien-Sein die Begegnung des Einen mit dem Anderen jeweils verwirklicht und erkennt" (ebd., 169).

Was diese Dialogphilosophie im Einzelnen beinhaltet, ist bereits in den Kapiteln 1.3 und 1.4 ausführlich dargestellt.

1.7 Verantwortung

Schon der orientierende Blick im Stichwortregister der Anthologie Buber für Atheisten (Buber/Reichert 1996) lässt erkennen, welche zentrale Bedeutung der Begriff „Verantwortung" in Bubers Denken hat. Immer wieder setzt er dialogische Haltung in Verbindung mit Verantwortung: „Liebe ist Verantwortung eines Ich für ein Du“ (Buber 2002, 19).

Dabei ist für Buber

> „der Begriff der Verantwortung aus dem Gebiet der Sonderethik, eines frei in der Luft schwebenden ‚Sollens‘ in das des gelebten Lebens zurückzuholen“ (Buber 2002, 161).

Also auch hier will er kein Dogma entfalten, sondern Raum eröffnen für eben gelebtes Leben. Unter dem Begriff „gelebtes Leben“ versteht Buber den Augenblick wahrnehmen und sich dem Augenblick mit ganzem Wesen hingeben. Das sind nicht die großen Ereignisse, sondern das alltägliche Geschehen, das kleine, unbedeutende, möglicherweise als nebensächlich betrachtete Erscheinen, das, was mir konkret begegnet.

Mit Verantwortung begegne der religiöse Mensch dem Anderen, auch dem als „böse“ moralisch Abgewerteten. Buber schreibt in „Ich und Du“ (Buber 2002, 110):

> „Der ‚Böse‘ das ist nur eben der ihm zu tieferer Verantwortung Empfohlene, der Liebesbedürftigere“;

und Verantwortung heißt sich entscheiden, heißt handeln, wie es weiter zu lesen ist,

> „aber das Sichentscheiden wird er in den Tiefen der Spontaneität üben müssen bis an den Tod, das gelassene Sich-immer-wieder-entscheiden zum rechten Tun“ (ebd.).

Verantwortung heißt bereit sein zu antworten. Dazu muss der Mensch zuerst einmal hören,

> „den Anspruch vernehmen, durch welchen Mißklang auch er an dein Ohr stößt, - und dir von niemand dreinreden lassen“ (*Die Frage an den Einzelnen* ebd., 241).

Gott, das ewige Du, ist es, der den Menschen anspricht. Dieses Verhältnis Gott-Mensch ist konstituierend für das Verhältnis Mensch-Mensch. Der Mensch, der Einzelne, ist Gott und dem Menschen gegenüber verantwortlich. Diese Bereitschaft zu antworten gilt dem/der Einzelnen, der/die mir begegnet, der/ die vielleicht ein Anliegen hat, das er/sie sich nicht traut vorzubringen und das es zu erahnen gilt. Zudem gibt es eine persönliche politische Verantwortung, die der Mensch sich nicht nehmen lassen darf, auch wenn z. B. eine Gruppe Entscheidungen kollektiv übernehmen möchte. Buber betont immer wieder, dass die Verantwortung des Einzelnen nicht aufzuheben ist und keinem abzugeben ist. So wird die Person, die antwortet, eine Person der Wahrheit (vgl. ebd., 266).

Buber verweist also unmissverständlich auf die Verantwortung des Einzelnen, die wesentlich dazu beiträgt, dem persönlichen Weg, dem für jeden Menschen bestimmten einzigartigen Weg, die Richtung zu geben. Dabei bleibe der Mensch nicht bei sich selbst stehen. Buber grenzt sich deutlich von Max Stirners solipsistischer Philosophie des „Wahr ist ...was Mein ist" (ebd., 266), bzw. was für die Gruppe das „Wahr ist , was Unser ist" (ebd.), ab. Wahrheit und Verantwortung sind an die Person gebunden. Die Verantwortung, die aus der Beziehung Mensch zu Gott hervorgeht, hat dann ihre Entsprechung in der Verantwortung für den Menschen und das heißt auch für die öffentliche Gemeinschaft.

Wie äußert sich die Bereitschaft zu antworten? Auch da gibt es keine Anleitung, sondern die Bandbreite menschlichen Verhaltens bietet auch das ganze Spektrum menschlichen Antwortens. Antworten heißt dem Unvorhergesehenen zu begegnen, ihm nicht auszuweichen. Mit Bubers Worten zu sprechen:

> „Ich worte meine Antwort, indem ich unter den möglichen Handlungen die vollziehe, die meiner hingegebenen Einsicht als die rechte erscheint. Mit meiner Wahl, Entscheidung, Handlung- Tun oder Lassen, Eingreifen oder Aushalten- antworte ich, wie unzulänglich auch..." (ebd., 244).

Der antwortende Mensch ist bereit sich der Wirklichkeit, wie sie jetzt in diesem Moment ist, zu stellen, d.h. sich mit seinem ganzen Sein hinzugeben. Dass dies nicht Aufgabe des eigenen Seins bedeutet, sondern dass diese Hinwendung, diese Begegnung zwischen Menschen nur möglich ist durch die Distanzierung als vorausgehendem Akt wurde bereits im Kapitel 1.5 im Rahmen der anthropologischen Grundlagen erörtert.

Trotz dieser hohen Verantwortungsethik, die das ganze Sein durchdringt, wendet sich Buber menschlich demjenigen zu, der Antwort geben will. Er gesteht, dass es eine unsichere Angelegenheit ist, sich in die Haltung des Hörenden zu begeben. Es geht nicht darum, alles richtig zu machen, sondern darum die Chance wahrzunehmen und das Wagnis einzugehen. In Die Frage an den Einzelnen beendet er das Kapitel über die Verantwortung folgender Weise:

> „Und fragt einer immer noch, ob man denn auf diesem steilen Pfad sicher sei das Rechte zu finden: noch einmal, nein, es gibt keine Sicherheit. Es gibt nur eine Chance; aber es gibt keine andere als diese. Das Wagnis sichert uns die Wahrheit nicht; es führt uns nur in ihren Atemraum, und es allein" (ebd., 248).

1.8 Zur Unterscheidung von Schuld und Schuldgefühlen in der Philosophiegeschichte, der Psychoanalyse und in Bubers Philosophie

In seinem Aufsatz „Schuld und Schuldgefühle" von 1957 macht Buber gleich zu Anfang auf den Unterschied zwischen beiden Begriffen aufmerksam. Buber stellt fest, dass die Aufteilung der Zuständigkeiten, nämlich das Thema Schuld den Theologen zu überlassen und die Schuldgefühle den Psychologen, wie sie auf der Londoner Konferenz für Psychotherapie 1948 gemacht wurde, typisch war für die damaligen Vertreter der Psychotherapie. Buber erörtert ausführlich seinen Standpunkt gegenüber der psychoanalytischen Theorie Freuds und macht aus seiner Kritik an der Psychoanalyse keinen Hehl (vgl. ebd). Ich möchte mich nun nicht auf dieser Ebene der Auseinandersetzung bewegen, sondern die beiden Begriffe philosophisch bzw. psychoanalytisch beschreiben, und dann auf Bubers Verständnis von Schuld eingehen. Die Relevanz dieser beiden Begriffe für die Beratungstätigkeit in der Arbeit mit Eltern wird in der Diskussion bedacht werden.

1.8.1 Schuld und Schuldgefühle – In der Philosophie von Kant bis Jaspers

Die Pflichtethik Immanuel Kants definiert Schuld als Zuwiderhandlung gegen das Sittengesetz. Nach Kant ist der Mensch als moralisches Wesen schuldfähig, da er frei ist, zu wählen und seine Handlungen selbst zu bestimmen. Der Mensch kann sich für das Gute entscheiden, wenn er die Achtung für das Sittengesetz zur Grundlage seines Willens erklärt (Brockhaus- Enzyklopädie 1992).

Sören Kierkegaard, der in das existentialistische Denken einführte, verbindet existentielle Schuld mit der Angst des Menschen angesichts vergangenen Unrechts oder der Angst vor der Möglichkeit schuldig zu werden. Diese Angst bringe dann erst äußere Schuld hervor.

Martin Heidegger[13], versteht Schuld als Grundzug menschlichen Daseins. Der Mensch macht sich selbst schuldig, weil er sich immerzu entscheiden muss und mit jeder gewählten Möglichkeit andere ausschließt. Durch diese ursprüngliche Schuld kann der Mensch moralisch schuldig werden (Brockhaus- Enzyklopädie 1992).

Für Karl Jaspers, einem weiteren Vertreter des Existenzialismus, gehört Schuld, wie auch Tod, Kampf und Leiden zu den Grenzsituationen menschlichen Lebens. Dies

---

[13] Heidegger wollte selbst nicht dem Existentialismus zugeordnet werden, gilt aber ungehindert dieser Tatsache als wichtiger existentialistischer Philosoph (vgl. Störig 1968).

sind Situationen, in denen sich Existenz unmittelbar verwirklicht. Indem man sich solchen Situationen stellt und diesen offen begegnet, wird man erst ganz selbst. Auch im Scheitern vollzieht sich Selbstwerdung, denn nach Jaspers wird erst im echten Scheitern das Sein voll erfahren, wobei hinter allem Sein, das scheitern kann, die Transzendenz (das ist das Umgreifende alles Umgreifenden), die Unvergänglichkeit und Unendlichkeit Gottes steht (vgl. Störig 1968, 425). Freiheit, Verantwortlichkeit und Moralität sind für Jaspers Voraussetzung für das Schuldigwerden (vgl. Brockhaus-Enzyklopädie 1992).

Heute wird Schuld oft im Sinne von Verantwortlichkeit (z.B. gegenüber der Umwelt) begriffen. Die Systemtheorie verwendet weniger einen Schuldbegriff, sondern beschreibt Dysfunktionalität oder Unangepasstheit innerhalb eines Systems. Dennoch wird behauptet, dass es nicht-reduzierbare Schuld-Erfahrung von Individuen gibt.

1.8.2 Das Schuldgefühl in der Psychoanalyse

Fußend auf der psychoanalytischen Strukturtheorie Sigmund Freuds entstehen Schuldgefühle durch innerpsychische Konflikte zwischen den unbewussten Trieben des Es und den moralischen Forderungen des Über-Ich (die durch die Normen, Regeln, Werte der Eltern und der Gesellschaft in der Kindheit internalisiert wurden). Hier gibt es keine Schuld als angelegten Grundzug menschlichen Daseins, sondern das Schuldigwerden und Schuldigsein ist eine sekundäre Folge der Auseinandersetzung des Kindes mit seiner Umwelt. Bearbeitung von Schuldgefühlen im psychoanalytischen Sinne geschieht durch die Durcharbeitung der zu Grunde liegenden Konflikte. Der Mensch wird dadurch von seinen Schuldgefühlen befreit, die als unangemessene Verarbeitung Selbstvorwürfe, Angst, Selbstanklage, Zwanghaftigkeit oder Depression hervorrufen kann (vgl. Hoffmann/Hochapfel 1992, 55 und 306).

Soweit eine Definition von Schuldgefühlen, auf die Buber in seiner Schrift Bezug nimmt und an die sich Bubers Kritik im Wesentlichen wendet. Zu Bedenken ist, dass hier nichts zum Wesen der Schuld an sich gesagt wird.

Im Folgenden wird aus der Sicht des englischen Kinderanalytikers und Kinderarztes D.W. Winnicott (2001) die Bedeutung der Entwicklung von Schuldgefühlen in entwicklungspsychologischer Hinsicht aufgezeigt werden, u.a. um anzudeuten, dass es neben der von Buber polemisch kritisierten Psychoanalyse auch andere Entwicklungen in der Psychoanalyse gibt.

Winnicott setzt den Schuldbegriff in den Kontext der individuellen, emotionalen Entwicklung des Menschen (ebd., 17). Diese Entwicklung ist zwar kulturell beeinflusst, aber diese Einflüsse sind wiederum Ergebnis von individuellen Persönlichkeitsmustern.

Winnicott beginnt seinen Vortrag „Psychoanalyse und Schuldgefühl“ (ebd., 17ff.) mit dem Hinweis, dass der englische Philosoph „Burke, … schon vor 200 Jahren schrieb, die Schuld liege in der Absicht“ (ebd., 17).

Weiter schreibt er:

> „Ein wirkliches Verbrechen ist nicht die Ursache von Schuldgefühlen; es ist vielmehr die Folge von Schuld- von Schuld, die zur verbrecherischen Absicht gehört. Nur legale Schuld bezieht sich auf ein Verbrechen; moralische Schuld bezieht sich auf die innere Realität“ (ebd., 18f.).

Unter Bezugnahme auf Freud, führt Winnicott aus:

> „Auf Ich und Es bezogen, ist das Schuldgefühl nicht sehr viel mehr als *Angst mit einer besonderen Qualität*, Angst, die wegen des Konflikts zwischen Liebe und Haß empfunden wird. Schuldgefühle setzen ein Ertragen von Ambivalenz voraus“ (ebd., 19. Hervorhebung im Original).

Die Entwicklung der Fähigkeit Schuldgefühle zu empfinden ist somit eine normale und notwendige gesunde Entwicklung und als Zeichen von seelischer Reife zu verstehen.

Freud macht dies, nach Winnicott, in den Ausarbeitungen der ödipalen Entwicklung deutlich als die Ambivalenz zwischen Liebe und Hass, die das Kind zum gleichgeschlechtlichen Elternteil empfindet. Die Angst vor dem gleichgeschlechtlichen Elternteil weicht vor den Schuldgefühlen, die aufgrund dieser Ambivalenz aufkommen (vgl. ebd., 19f. und 22). Die Entwicklung von Schuldgefühlen ist also bezüglich der gesunden Entwicklung als wichtige Fähigkeit zu betrachten. Der Ödipuskomplex als vielschichtiges inneres Erleben des kleinen Kindes zwischen Liebe und Hass und der Verarbeitung seiner inneren Gefühle, eben die reife Entwicklung von Schuldgefühlen, gewinnt eine zentrale Stellung innerhalb der psychoanalytischen Theorie.

Dass eine Überhandnahme von Schuldgefühlen durch Störungen in dieser Entwicklung zur Entstehung von behandlungsbedürftigen Neurosen beiträgt, ist ein Kapitel der psychoanalytischen Psychopathologie, das hier nicht behandelt wird.

Das intrapsychische Modell vom Über-Ich als steuernde Instanz zwischen Es-Trieben und den Realitäten des Ich, führt wieder zurück zur anfänglichen Behauptung, die Entstehung von Schuld sei eine innere Realität und Schuld liege in der Absicht. Winnicott führt Freuds Theorie weiter aus und zieht daraus Schlüsse auf pathologische Entwicklungen, die zu antisozialem Verhalten führen und versteht Freuds Abhandlungen als wichtigen Beitrag zur Sozialpsychologie. Für das hier gestellte Thema muss diese kurze Einleitung jedoch genügen. Interessant in Hinblick auf Bubers Schuldbegriff ist, dass bei Winnicott der Schuldbegriff vom rein innerpsychischen Geschehen in die sozialen Bezüge des Menschseins gesetzt wird.

1.8.3 Martin Bubers Schuldbegriff

Martin Buber spricht von der Existentialschuld oder von der Urschuld des Menschen. Damit befindet er sich in der Nähe zu den existentialistischen Ansätzen, auch wenn es große Unterschiede zwischen diesen existentialistisch ausgerichteten Denkern gibt. Wie oben erwähnt betont er die wesentlichere Bedeutung der Existentialschuld oder auch authentischen Schuld des Menschen gegenüber den Schuldgefühlen[14]. Schuld entsteht,

> „wenn jemand eine Ordnung der Menschenwelt verletzt, deren Grundlagen er wesensmäßig als die des ihm und allen gemeinsam menschlichen Daseins kennt und anerkennt“ (Buber 1962, 481).

Schuldhaftes Vergehen kann Handeln und Unterlassen, Entscheiden und Entscheidungslosigkeit sein. Nach Buber ist Schuld immer personhaft. Die Verantwortung für schuldhaftes Verhalten ist nicht abzugeben (s.o. Kap. 1.7.). Das Schuldhafte erkennt der Mensch durch sein Gewissen. Das Gewissen ist für Buber:

> „die Fähigkeit und Tendenz des Menschen, innerhalb seines vergangenen und künftigen Verhaltens radikal zu unterscheiden zwischen zu Billigendem und zu Mißbilligendem“ (ebd., 488).

Auch hier klingt die Fähigkeit der Distanzierung zur Welt und zu sich selbst an (s.o. Kap.1.5), die es dem Menschen möglich macht zu reflektieren, sich selbst zum zu betrachtenden Gegenstand zu machen, sein Handeln zu bestätigen oder zu verwerfen (vgl. Buber 1962, 488).

---

[14] Buber erkennt die Bedeutung neurotischer Schuldgefühle und die Notwendigkeit der Behandlung an, lässt aber nicht nach darauf hinzuweisen, dass die alleinige Befreiung von Schuldgefühlen, ohne dass sie auf eine zu Grunde liegende authentische Schuld überprüft werden, von der eigentlichen Aufgabe des Menschen, wesenhaft dem Anderen und der Welt zu begegnen, ablenkt. Für Buber ist hier die Grenze der Psychotherapie gesetzt, existenzielle Fragen gehören in den Bereich des Seelsorgers. Dies muss nach Buber von der Psychotherapie gesehen und anerkannt werden. (vgl. Buber 1962, 485).

Wie ist das Gewissen in Beziehung zur Existentialschuld zu sehen? Das Gewissen zeigt die Haltung des Menschen zur Welt, zu seinen Mitmenschen, zur Schöpfung. Insofern ist das Gewissen für Buber keine intrapsychische Instanz, die dem Über-Ich zugeordnet wäre.

So kann authentische Schuld im Gegensatz zu Schuldgefühlen auch nicht ins Unbewusste „verdrängt"[15] werden, denn der Träger der Wesensschuld bleibt im Bereich des bewussten Daseins. Sie kann wohl „vergessen" (Vgl. Fn16) werden, durch einen inneren Widerstand (vgl. Fn 16), den nur der Mensch selbst überwinden kann (ebd.,501).

Buber ist unerbittlich, wenn er aufzeigt, wo die Schuld eines Menschen liegen kann und wie der Mensch verleitet wird, sich dieser Schuld nicht zu stellen, einer Schuld, die sich immer auf ein gestörtes Verhältnis zum konkreten Anderen bzw. zur Welt bezieht. Das gestörte Verhältnis zur Welt kann auch ein Schuldigwerden an sich selbst bedeuten, wenn der Mensch nicht bereit ist zu antworten auf das, was ihm wesensmäßig in seinem Sein begegnet. Hiermit ist der ganze Bereich der Selbstwerdung und Entwicklung angesprochen.

Existentielle Schuld ist irreversibel, beinhaltet aber die Chance zur Umkehr. Umkehr heißt, und hier denkt Buber als jüdischer Gläubiger, einen Neuanfang machen. Für den religiösen Menschen bedeutet das ein neues Verhältnis in der Gottesbeziehung. Außerhalb dieses religiösen Verständnisses beschreibt Buber ein neues Verhältnis des Schuldiggewordenen zum Geschädigten, also von Mensch zu Mensch. Dieser Neuanfang ist gewaltig. In der Anthologie „Buber für Atheisten" (1996, 212) schreibt er:

> „Die Umkehr ist die größte Gestalt des Anfangens" und etwas weiter: „An dem Ort, wo die Umkehrenden stehen, vermögen die vollkommen Gerechten nicht stehen".

Welches sind die gebotenen Schritte, die zur Umkehr führen?

Buber bietet drei Schritte an mit Schuld umzugehen, die alle dahin führen vom monologischen zu einem dialogischen Verhältnis zur Welt zu gelangen: Zunächst die Erhellung des Dunkels erhellen, dann die Beharrung und zum Schluss die Sühne.

Die „Erhellung" geschieht, wenn der Schuldige bereit ist,

> „die Tiefe einer Schuld zu erhellen, d.h. die Schuld in ihrem Wesen und Sinn für das Leben, sein Leben zu durchleuchten" (Buber 1960, 491).

---

[15] Buber verwendet oft Begriffe, die in der psychoanalytischen Theorie eine spezifische Bedeutung haben. Hier ist also nicht Verdrängung, Vergessen und Widerstand im Sinne von psychoanalytischen Abwehrmechanismen gemeint.

Das wesenhafte Erkennen ist existentiell.

> „Der Mensch ist das Wesen, das fähig ist, schuldig zu werden und seine Schuld zu erkennen“ (ebd., 501).

Mit „Beharren“ meint er, den Vorgang der Selbstidentifikation aufrecht zu erhalten. Dass Beharren nicht meint, in Selbstvorwürfen oder Selbstanklagen zu verharren, sondern mit einer würdevollen, Entwicklung versprechenden Haltung verbunden ist, wird mit folgendem Zitat deutlich:

> „Damit ist aber nicht etwa ein stetes erneutes Sichgeißeln der Seele mit dem Wissen um ihren Abgrund als einen ihr unabwendbar zugeteilten gemeint, sondern aufrechtes und unbeirrtes Verharren in der Klarheit des großen Lichts“ (ebd., 501).

Dass der Mensch nicht nur an sich selbst schuldig wird, sondern immer einem anderen Wesen gegenüber, erfordert den dritten Schritt, die „Sühne“. Sie meint ein Nicht-bei-sich-Stehenbleiben. Sühne heißt nun dem Anderen, dem Menschen an dem ich schuldig geworden bin (falls er noch lebt), in der oben beschriebenen Klarheit der Selbsterhellung gegenüberzutreten und nach Vermögen die Folgen zu überwinden:

> „Als Sühne kann solches Tun aber nur dann gelten, wenn es nicht aus gefasstem Vorsatz, sondern im willkürlosen Wirken meiner errungenen Existenz getan wird. Und dies kann naturgemäß nur aus dem Kern eines gewandelten Verhältnisses zur Welt, eines neuen Dienstes an der Welt mit den erneuten Kräften des erneuten Menschen, geschehen“ (ebd., 502).

1.9 Martin Buber als Erzieher

Die Beiträge, auf die sich das folgende Kapitel bezieht, sind in den Jahren 1925, 1935 und 1939 entstanden und wurden 1953 als „Reden über Erziehung“ herausgegeben. Mit diesen Reden schlägt Buber die Brücke zwischen Philosophie und Pädagogik und macht in seiner ihm eigenen Weise zu denken und zu schreiben die Dialogik für das erzieherische Verhältnis anschaulich.

So steht dieses letzte Kapitel zu Bubers Dialogphilosophie nicht zufällig am Übergang zum zweiten Teil dieser Arbeit, die das konkrete Tun im sozialpädagogischen Feld behandeln wird.

„Das erzieherische Verhältnis ist ein rein dialogisches“ (Buber 2000b, 41).Um diese Hauptaussage kreist die Rede, in der Buber sich kritisch mit der Reformpädagogik auseinandersetzt, die seiner Meinung nach zu einseitig die freien Entfaltungsmöglichkeiten für Kinder als Königsweg einer guten Entwicklung voraussetzt.

Buber beschreibt einen Urhebertrieb und einen Trieb nach Verbundenheit. Zwei Triebe, die dem Menschen innewohnen und die beide befriedigt werden wollen[16]. Der Urhebertrieb ist für Buber ein nicht ableitbarer, selbstständiger Trieb, der sich von dem Freudschen Libido/Triebmodell grundlegend unterscheidet (vgl. ebd., 17). Der Urhebertrieb ist der Trieb, die Welt zu gestalten, etwas zu schaffen oder auch wieder zu zerstören, mit aller Ernsthaftigkeit, die kindlichem Tun innewohnt. Damit sind die schöpferischen Kräfte gemeint, deren Entfaltung nach der Reformpädagogik uneingeschränkt und frei zu gewährleisten ist.

Buber jedoch kritisiert hier eine Einseitigkeit, die verkennt, dass „der Mensch als Urheber einsam [ist]" (ebd., 20). Denn der zweite Trieb, der den Menschen bestimmt ist der Trieb nach Verbundenheit, durch den das Kind (und nicht nur das Kind) sein Subjektsein in der Welt erfährt. Durch den Urhebertrieb, schreibt Buber,

> „lernt [man] das Objektsein der Welt von innen her, aber ihr Subjektsein, ihr Ichsagen nicht, also auch ihr Dusagen nicht. Was uns die Erfahrung des Dusagens bringt ist nicht mehr der Urhebertrieb sondern der Trieb nach Verbundenheit." (ebd.)

Der Trieb nach Verbundenheit verweist auf Bubers anthropologische Begründung seiner Dialogphilosophie, nämlich das Bedürfnis des Menschen nach Bestätigt werden in seiner ganzen Person, nach Beziehung, durch die sich erst das Menschsein verwirklicht (vgl. Kap. 1.5).

Dafür braucht es Menschen, Personen, die gegenwärtig, in Präsenz, ihr ganzes Leben wesensmäßig zu leben versuchen, bereit zu antworten, als eine Bereitschaft sich dem Kind zu stellen und ihm durch ihre Person die Welt zu vermitteln. Dass ein Kind sich von einer Person ansprechen lässt, dafür braucht es Vertrauen. Es liegt in der Aufgabe des Erziehers eine Atmosphäre des Vertrauens zu schaffen, eine Haltung dem Kind gegenüber zu bewahren, die frei ist von Machtwillen und Leidenschaft.

Dass Erziehung frei sei von Macht, darüber wird man schnell Einigkeit erzielen, denn ein Machtverhältnis schließt Vertrauen aus. Aber auch wenn leidenschaftliche Liebe zum Kind Motivation ist zu erziehen, so ist für Buber die dialogische Kompetenz in Frage gestellt. Denn Leidenschaft (und auch Machtwille) sucht aus, wählt, ist von Sehnsucht getrieben und will das Kind genießen; wirkliche Liebe aber nimmt an, was als Aufgabe anvertraut ist (vgl. ebd., 30 ff.).

---

[16] Auch hier verwendet Buber wieder psychoanalytisches Vokabular, grenzt aber seine Begriffe deutlich von denen Freuds ab.

> „Eros ist Wahl, Wahl aus Neigung. Erziehertum ist eben dies nicht....Der heutige Erzieher findet den Zögling vor....Eine hohe Askese bedeutet also das Erzieherische: die weltfreudige um der Verantwortung für einen uns anvertrauten Lebensbereich willen, auf den wir zu wirken und in den wir nicht einzugreifen haben, weder machtwillig noch erotisch“ (ebd., 32 u. 34).

Bubers Analyse verweist auf die Bedeutung der Selbstreflexion der eigenen erzieherischen Motivation bzw. der menschlichen Leidenschaften, die erzieherisches Tun mit bestimmen können.

Ebenso setzt sich Buber mit dem Begriff der Freiheit auseinander. Für Buber ist Freiheit als Voraussetzung für die Entfaltung und Entwicklung des Kindes, ein kostbares Gut, das Buber leidenschaftlich besingt. Aber Freiheit wird hier als eine Möglichkeit gesehen und nicht als Wirklichkeit. Denn Freiheit ist nicht das Gegenteil von Zwang. Das Gegenteil von Zwang ist Verbundenheit. Während Freiheit funktionell zu verstehen ist, sind Verbundenheit und Zwang substanzielle Wirklichkeit. Die Betonung der freiheitlichen Tendenzen für diese Epoche, wo die tradierten Bindungen an Gültigkeit verlieren, geht zusammen mit einer zunehmenden Verlorenheit des Menschen in der Welt. Wenn an Stelle von Zwang (oder Bindung und Ordnungen) Freiheit ohne Verbundenheit gesetzt wird, steht der Mensch allein in der Gesamtverantwortung für sein Leben. Denn Leben aus der Freiheit ist personhafte Verantwortung. Freiheit in der Erziehung ist deshalb Verbunden-werden-können (vgl. ebd., 26ff.).

Wie kann nun die/der ErzieherIn dem Trieb nach Verbundenheit entsprechen?

Der Ruf nach greifbaren Konzepten ist laut, aber Buber bleibt sich treu und verweist immer wieder auf die Besonderheit der dialogischen Haltung. Sie verlangt den Menschen, der sein ganzes konkretes Leben wirklich versucht zu leben, der mit dem Unplanbaren und Unvorhergesehen der Situationen im erzieherischen Prozess umgehen lernt, der bereit ist Verantwortung zu übernehmen und sich so dem Kind zur Verfügung stellt, ohne seinen eigenen Standpunkt aufzugeben.Das mag wie ein unerreichbares Ideal klingen, aber Buber meint nicht das Genie, sondern den wirklichen Menschen.

> „Er braucht keine der Vollkommenheiten zu besitzen, ... aber er muss wirklich da sein. Er muß, um dem Kind in Wahrheit präsent zu werden und zu bleiben, dessen Präsenz in seinen eigenen Bestand aufgenommen haben, als einen Träger der Weltverbundenheit...“ (ebd., 40).

In dieser Haltung kann er eine Atmosphäre des Vertrauens schaffen, die Grundlage eines jeden dialogischen Verhältnisses ist. Dies lässt sich auf alle begleitenden Verhältnisse übertragen, sei es in der Kindererziehung, der Beratung, Therapie, der Schule oder Lehre. Wie sich dieses Vertrauen für das Kind ausdrückt, beschreibt Buber sehr schön mit einem Beispiel, das (im Vorgriff auf den zweiten Teil der Arbeit) mit heutigen Begriffen aus der Bindungsforschung als Beschreibung für ein sicher gebundenes Kind dienen könnte und auf die Tragweite dieser Sicherheit hinweist:

> „Ich habe auf das Kind hingewiesen, das, halbgeschlossener Augen daliegend, der Ansprache der Mutter entgegenharrt. Aber manche Kinder brauchen nicht zu harren: weil sie sich unablässig angesprochen wissen, in einer nie abreißenden Zwiesprache. Im Angesicht der einsamen Nacht, die einzudringen droht, liegen sie bewahrt und behütet, unverwundbar, im silbernen Panzerhemd des Vertrauens... Vertrauen, Vertrauen zur Welt, weil es diesen Menschen gibt....Weil es diesen Menschen gibt, kann der Widersinn nicht die wahre Wahrheit sein, so hart er einen bedrängt“ (ebd.).

Die dialogische Haltung in der Erziehung impliziert noch zwei weitere Strukturmerkmale[17] nämlich die Gegenseitigkeit und einseitige Umfassung. Der Begriff der „Umfassung“ wurde bereits in Kap. 1.5 beschrieben, Buber verwendet die Begriffe „Vergegenwärtigung“ und „Realphantasie“ in ähnlicher Bedeutung. Hier meint er mit Umfassung die volle „Gegenwärtigung“ der Anvertrauten. Ein Beispiel mag dies veranschaulichen: Der Vater, der sich ansprechen lässt vom Kummer seines Kindes, der selbst etwas davon erlebt, der sich in diesem konkreten Moment dem Kind zuwendet, der aber Vater bleibt und nicht zum Kumpel wird, der dank seines Lebenswissens vielleicht eine neue Möglichkeit auftut oder das Kind dahin führt, dass es sie selbst findet, dieser Vater lehrt etwas von der einseitigen Umfassung. Einseitig ist sie deshalb, weil das Kind sich so nicht dem Vater gegenüberstellt. Kind bleibt Kind und wird nicht zum Partner. Die Umfassung bleibt in der Verantwortung des Vaters. Äquivalent zur einseitigen Umfassung wäre dazu im psychoanalytischen Setting, um diese einseitige Umfassung und Gegenseitigkeit auf das beraterische oder therapeutische Geschehen zu übertragen, die Asymmetrie der Beziehung, in der / die KlientIn als Person Wertschätzung genießt.

Gegenseitigkeit heißt, dass das Kind als gleichwertig in seiner Person dem Vater gegenübersteht, dass es sein Vertrauen gibt und sich auf das Verhältnis einlässt. An dieser Stelle ist der Vater oder auch der/die TherapeutIn Nehmende/r. Diese Gegensei-

[17] Natürlich ist das Bemühen, eine Wesenshaltung, die sich im konkreten Leben je nach Situation angepasst bewähren muss, nun doch mittels Strukturelementen greifbar machen zu wollen ein Widerspruch in sich. Dieser Widerspruch macht zugleich die „Unmöglichkeit“ über Bubers Dialogphilosophie zu schreiben offensichtlich und muss in gewisser Weise ausgehalten werden.

tigkeit von Geben und Nehmen ist im erzieherischen Verhältnis nicht zu unterschätzen. Auch im therapeutischen Kontext spielt dieses Phänomen eine Rolle jenseits von aller gebotenen professionellen Abstinenz.

Das erzieherische Verhältnis als rein dialogisches zu definieren dann aber von einseitiger Umfassung zu sprechen ist manchem Buber-Forscher zur Aporie geworden (vgl. Rönitz/Rohr 2003). Für Buber ist die einseitige Umfassung die zweite Hauptgestalt des dialogischen Verhältnisses, neben der ersten, als der abstrakten, gegenseitigen Umfassungserfahrung, und der dritten, der gegenseitigen konkreten Umfassung. Erstere ereignet sich im respektvollen Disput, in dem sich die Personen geistig umfassen, aber die konkrete Lebenswirklichkeit ausgeschlossen bleibt. Letztere ist die höchste Form der Umfassung: die konkrete, gegenseitige Umfassung in Form von Freundschaft (vgl. Buber 2000b, 41ff):„Sie ist das wahrhafte Einander-Umfassen der Menschenseelen“ (ebd., 44).

In Erziehung, Beratung, Therapie, Schule und Lehre sind wirkliche Menschen gefragt, die unvollkommen, wie sie sind, versuchen ihr konkretes Leben wirklich zu leben, die in Demut erziehen wollen, Verantwortung übernehmen, am Leben ihrer Zöglinge teilnehmen, ohne ihren Standpunkt zu verlassen, die weitere Möglichkeiten im Dilemma auftun und sich auf das Überraschende und Unplanbare einlassen wollen, getragen von der Liebe zum Menschen. Und noch einmal, der angeblich vollkommene Erzieher wird es nicht sein, sondern:

> „Der Erzieher braucht kein sittliches Genie zu sein, um Charaktere zu erziehen: aber er muß ein ganzer Mensch sein, der sich seinen Mitmenschen unmittelbar mitteilt: seine Lebendigkeit strahlt auf sie aus und beeinflußt sie gerade dann am stärksten, wenn er gar nicht daran denkt, sie beeinflussen zu wollen“ (ebd., 68).

Diese Hingabe in der Pädagogik bedeutet allerdings nicht Übereinstimmung schlechthin. Ein gutes erzieherisches Verhältnis bewährt sich im Konflikt, den der Erzieher aushält und in „reiner Luft“ mit dem Anbefohlenen austrägt (vgl. ebd., 72).

Als größte Aufgabe der Erziehung begreift Buber die Ausbildung des Charakters eines Zöglings. Charakter ist nach Buber der „Zusammenhang zwischen der Wesenseinheit eines Einzelnen und der Folge seiner Handlungen und Haltungen“ (ebd., 66).Diesen Charakter könne und solle man erziehen (ebd).

Der/die ErzieherIn trägt zu der Ausbildung des „großen Charakters“ bei.

> „Einen großen Charakter nenne ich den, der durch seine Handlungen und Haltungen den Anspruch der Situation aus einer tiefen Bereitschaft zur Verantwortung seines

Lebens erfüllt und so, dass sich in der Gesamtheit seiner Handlungen und Haltungen doch auch die Einheit, seines Wesens, seines verantwortungswilligen Wesens bekundet“ (ebd., 84).

Ein Mensch, der sich selbst als lernend, übend auf dem Weg ein großer Charakter zu werden begreift und personhaft Verantwortung für sein Leben in der Welt übernimmt, immer wieder neu die Chance ergreifend ein Werdender und Reifender zu sein, ein solcher Mensch ist selbst Teil des erzieherischen Prozesses, der darauf hinwirken will,

> „den Menschen wieder zu seiner eigenen Einheit zu bringen“(ebd., 90).

Für Buber heißt Erziehung letztlich Richtung geben und letztendlich ist für ihn die wahre Richtung des Menschen der schöpferische Geist. Die in der Erziehung Verantwortlichen werden durch diesen Hinweis entlastet. Denn wenn der Mensch das letzte Glied wäre, wer vermöchte diese Verantwortung zu tragen? Buber gibt hier seiner jüdischen Herkunft Raum und verweist auf eine andere Wirklichkeit, in der der Mensch aufgehoben ist, wenn er seine Rede mit diesen Worten schließt:

> „Der Mensch, das Geschöpf welches Geschaffenes gestaltet und umgestaltet, kann nicht schaffen. Aber er kann sich und kann andere dem Schöpferischen öffnen. Und er kann den Schöpfer anrufen, dass er sein Ebenbild rette und vollende“(Rede über das Erzieherische ebd., 49).

Neuere Sichtweisen auf die Beziehung zwischen Eltern und Kleinkind

2. Die Säuglingsforschung

2.1 Einleitung

Die neuere Säuglingsforschung kann als Grundpfeiler der interaktionellen Eltern-Kleinkind-Beratung[18] und deren Weiterentwicklung gesehen werden. Sie hat eine Vielzahl von neuen Forschungsergebnissen hervorgebracht, die das bisherige Bild des Säuglings in den ersten 1 ½ Lebensjahren veränderten. Vor allem die psychoanalytische Entwicklungstheorie verdankt ihr eine ergänzende Sichtweise auf die bisherige psychosexuelle Entwicklungslehre. Unter den SäuglingsforscherInnen befinden sich viele PsychoanalytikerInnen. Das verwundert nicht weiter, schließlich hat Freud als Erster Grundlegendes und Differenziertes über die psychische Entwicklung des Kindes erforscht, wenn er auch nur in den Anfängen seiner Arbeit von direkter Kinderbeobachtung ausging und später vor allem durch Rekonstruktion aus den Analysen Erwachsener und durch seine Eigenanalyse zu theoretischen Schlussfolgerungen kam. Die vorliegende Darstellung der Säuglingsforschung basiert hauptsächlich auf dem Studium psychoanalytischer Literatur (Psyche 2002, Dornes 2001a,b, Stern 1998, 2000 a,b).

Obwohl, wie erwähnt, die Verbindung zwischen Säuglingsforschung und Psychoanalyse nahe liegt, bleibt die Relevanz der Ergebnisse aus der Säuglingsforschung, z.B. aufgrund ihrer unterschiedlichen Methodologien[19], für die psychoanalytische Theoriebildung nicht unumstritten. Es sprengt den Rahmen dieser Studie, diese Diskussion in extenso mit aufzunehmen. Allerdings wird der Einfluss der neueren Forschung an der Neubewertung von Margaret Mahlers Theorie des „normalen Autismus“ und der „normalen Symbiose“ demonstriert (vgl. Gergely 2002).

Im Folgenden werden zunächst einige neue Forschungsergebnisse und deren Einfluss auf Mahlers Entwicklungstheorie zusammengefasst. Ein Überblick von Dornes

---

[18] In dieser Arbeit wird das „Münchner Modell einer interaktionszentrierten Säuglings-Eltern-Beratung und -Psychotherapie vorgestellt. Es ist von den SäuglingsforscherInnen Mechthild Papousek und Hans Papousek entwickelt worden zur Behandlung von frühen Anpassungsstörungen im Säuglings- und Kleinkindalter, die sich z.B. in exzessivem Schreien, Schlaf-, Fütter- oder Gedeihstörungen äußern können (vgl. Kap. 6).

[19] Während die psychoanalytische Entwicklungstheorie rekonstruiert, wendet die Säuglingsforschung die Direktbeobachtung an, sodass Ergebnisse eines „rekonstruierten“ Kindes und die eines „realen“ Kind zu integrieren sind (Dornes 2001b, 28ff).

(2001a) verweist auf die Erweiterung der psychoanalytischen Theoriebildung, diese führt zu den Beobachtungen und Schlussfolgerungen Daniel Sterns, der mit Hilfe der neuen technischen Möglichkeiten (Videoanalysen) maßgeblich das Bild vom „kompetenten Säugling" mitgeprägt hat.

2.2 Abschied vom „dummen Vierteljahr"

Das „paradiesisch" anmutende Bild vom passiven, satten, zufrieden schlafenden Säugling, der in den ersten Monaten nichts von der Welt wahrnimmt und auch nicht besonders Aufregendes erlebt, hat sich gewaltig geändert.
Die Säuglingsforschung boomt seit den 60er Jahren und hat eine Vielzahl beeindrukkender Fähigkeiten des Neugeborenen festgestellt.[20].
Das Augenmerk richtet sich also auf die präverbale Entwicklung des Kindes. Inzwischen ist der Säugling nicht mehr nur passiv und abhängig, sondern befindet sich „im Zustand wachsamer Untätigkeit" (Gergely 2002, 813). Die Wahrnehmungspsychologie konnte in Bezug auf die auditive, visuelle und senso-motorische Wahrnehmung neu geschrieben werden. Man weiß inzwischen, dass das Neugeborene die mütterliche Stimme von anderen unterscheidet, eine Vorliebe für höhere Stimmlagen hat, und leise Töne beruhigender als laute empfindet[21]. Auch die visuellen Fähigkeiten sind schon früher ausgebildet, als man bisher annahm. Nach dem Präferenzparadigma[22] haben Säuglinge eine Vorliebe für die Konfiguration des menschlichen Gesichtes, während Gesichter deren Elemente Augen, Nase, Mund falsch geordnet erscheinen, uninteressanter sind. Angeboren ist auch die Fähigkeit der Nachahmung. Bestimmte mimische Gesten, etwa das Vorstrecken der Zunge oder das Öffnen des Mundes werden vom Säugling nachgeahmt.

---

[20] Ob es sich immer um angeborene oder auch erworbene Fähigkeiten handelt, ist zum Teil umstritten

[21] Veränderungen der Pulsfrequenz, der Atmung, des Muskeltonus oder des EEG gaben je nach Untersuchung den Hinweis für die Beruhigung.

[22] Das Präferenzparadigma ist eine Untersuchungsmethode der Säuglingsforschung. Säuglingen wurden z.B. verschiedene Gesichter gezeigt: eines entsprechend dem menschlichen Gesicht, dann ein falsch angeordnetes, das aber auch Augen, Nase, Mund enthielt. Säuglinge zeigten eine deutliche Präferenz für das menschliche Gesicht. Die Präferenz wurde an der zeitlichen Fixierungsdauer gemessen, die signifikant unterschiedlich ausfiel. Solche und ähnliche Versuche gaben Aufschluss über die differenzierte Wahrnehmungsaktivität und Wahrnehmungsfähigkeit (vgl. Dornes 2001a, 34ff).

Beindruckend sind auch die Fähigkeiten der kreuzmodalen Wahrnehmung, d.h. der Säugling ist in der Lage verschiedene Sinneseindrücke miteinander in Verbindung zu bringen. Wahrnehmungen wie Sehen, Hören, Fühlen werden koordiniert und als ganze Einheiten und nicht als Teilobjekte wahrgenommen.:

> „Gibt man 20 Tage alten Kindern einen Schnuller mit Noppen zum Saugen und zeigt ihnen hinterher die Bilder von zwei Schnullern - einen mit Noppen, einen ohne-, so blicken sie länger den genoppten Schnuller an. Sie stellen also anscheinend eine Verbindung her zwischen dem was sie im Mund gefühlt haben, und dem was sie sehen“ (Dornes 2001b, 41).

Die Ergebnisse zur kreuzmodalen Wahrnehmungen sind deshalb so bedeutsam, weil sowohl die Psychoanalyse wie auch die Kognitionsforschung Piagets davon ausging, dass die Selbst- und Objektwahrnehmung fragmentiert sei, die Wahrnehmungen also zunächst isoliert voneinander seien.

Anders heute:

> „Die Teile werden in ein Ganzes eingebaut oder anders ausgedrückt: Ursprünglich werden Ganzheiten wahrgenommen (z.B. die Gemeinsamkeit von Bild und Ton) und die Differenzierung dieser Ganzheiten in separate Empfindungen ist ein *Ergebnis* des Entwicklungsprozesses und nicht sein Anfang“ (ebd.,47. Hervorhebung im Original).

Neben einer differenzierten und komplexen Wahrnehmungswelt erlebt der Säugling auch die Gefühlswelt vielfältig und ausdrucksfähig. Dornes (2001b, 21) beschreibt in seinem Überblick sieben sogenannte Primäraffekte, die genuin und universell als spezifische Gesichtsausdrucksmuster angelegt sind. Diese sind: Interesse, Überraschung, Ekel, Freude, Ärger, Traurigkeit und Furcht. Schon im ersten Lebenshalbjahr zeigt der Säugling diese spezifischen Gesichtsausdrücke und neurobiologische wie auch andere Überlegungen legen nahe, dass der Säugling diese Gesichtsausdrücke nicht nur hat, sondern auch das dazu gehörige Gefühl empfindet (ebd.) Nach der Definition von Gergely und Watson sind diese Affekte jedoch unbewusst und vor allem nicht kontrollierbar (vgl. Gergely 2002, 821). Zudem erlebt der Säugling nicht nur diese Affekte als Freude, Ärger usw., sondern er erlebt auch dynamische Qualitäten, wie „rasch“, „plötzlich“, „an- und abschwellend“. Säuglinge erleben also nuanciert fein abgestimmte Gefühlsqualitäten und haben ein ganzes Spektrum an Empfindungen schon in den frühen Anfängen (ebd.).

Die Kompetenz des Säuglings zeigt sich auch auf dem Gebiet der frühen Interaktion, für das vorliegende Thema vielleicht das Spannendste in der Säuglingsforschung. Daniel Stern, amerikanischer Psychoanalytiker und Entwicklungsforscher hat mit akribischer Forscherlust mittels Videoaufnahmen Sequenzen von Mutter-Kind-Interaktionen analysiert und auf beeindruckende Weise die „Choreographie" des gemeinsamen „Tanzes" zwischen Mutter und Kind beschrieben (Stern 2000). Hierbei ist der Säugling aktiver Teilnehmer in der Beziehungsgestaltung, der seiner Befindlichkeit deutlich Ausdruck gibt und die Interaktionsmöglichkeiten mit den primären Bezugspersonen von sich aus aktiv beeinflusst bzw. iniziiert. Wie diese Gestaltung der Interaktion in der frühen Kindheit sich als erster extrauteriner Dialog gestaltet, wird in Kap. 2.1.4 näher beschrieben.
Alle diese Erkenntnisse füllen die modernen Zuschreibungen vom „kompetenten Säugling", bzw. der „wachsamen Untätigkeit" des Säuglings.

2.3 Ein neuer Zugang zu Margaret Mahlers Entwicklungstheorie

Diese Erkenntnisse haben auch Einfluss auf die bisher wohl nachhaltigste entwicklungspsychologische Theoriebildung der Psychoanalytikerin Margaret Mahler. Sie war eine der ersten Säuglingsforscherinnen, die, neben Rene´ Spitz und John Bowlby[23], in den 40er Jahren mittels Direktbeobachtung zu Schlüssen über die psychische Entwicklung des Kindes im Säuglingsalter kam. Mahlers Theorie des frühen, normalen Autismus und der normalen Symbiose bis zum sechsten Lebensmonat sowie die Separations- und Individuationsphase bis zum 18. Lebensmonat war lange Zeit die meist beachtete psychoanalytische Entwicklungstheorie nach Freud. Heute wird ihre These des normalen Autismus und der normalen Symbiose in Frage gestellt, je nach Ausrichtung gänzlich abgelehnt (Dornes 2001a) oder aber neu bewertet (Gergely 2002, 809 ff).
Da durch die neuere, vor allem empirische Forschung Mahlers grundlegende Theorien in Frage gestellt sind, diese aber über Jahrzehnte die entwicklungspsychologische Forschung geprägt haben, ist es interessant in die neuere Sichtweise einzuführen.
Der ungarische Entwicklungsforscher und Psychoanalytiker György Gergely sucht aus der Perspektive der kognitiven Entwicklungstheorie einen neuen Zugang zu Mahlers Theorie, der er ein hohes Kreativitätspotential in Bezug auf die Entwick-

---

[23] Bowlbys Bindungstheorie wird in Kap. 2.6 ausführlich behandelt.

lungspsychologie des Säuglings zuschreibt, auch wenn im Einzelnen die Theorien v.a. durch die empirische Säuglingsforschung widerlegt sind. Ohne genauer auf die Argumentation einzugehen, da dies den Rahmen der Arbeit sprengen würde, seien hier die Ergebnisse seiner Überlegungen genannt:

2.3.1 Normaler Autismus

Die These eines „normalen Autismus", wird einmal theoretisch hinterfragt, da Mahlers klinische Sichtweise aus der Arbeit mit schwer gestörten psychotischen Kindern und Erwachsenen mit Borderline- und narzisstischen Störungen sehr stark von pathologischen Entwicklungsmustern ausging und eine „pathomorphe" Deutung der normalen kindlichen Entwicklung zur Folge hatte.
Aus empirischer Sicht zeigen die Erkenntnisse der Wahrnehmungs- und Affektforschung, sowie der Analysen des Interaktionsverhaltens des Säuglings (s.o. Kap.2.2; 2.5), dass schon der kleine Säugling über komplexe, angeborene Fähigkeiten verfügt, sich an der äußeren Welt zu orientieren und Reize zu verarbeiten. Die Annahme einer „angeborenen Reizschranke" und eines „normalen Autismus" kann so nicht gehalten werden (ebd., 814).
Gergely lehnt den Grundgedanken des „normalen Autismus" nicht ab und versucht diese Phase als „qualitativ distinkte Anfangsphase der Entwicklung" (ebd., 815) zu beschreiben, in der der Säugling zwar mit beeindruckenden, genuin angelegten Fähigkeiten ausgestattet ist, sich an externen Reizen zu orientieren und diese zu verarbeiten, dies „aber im Sinne gradueller Aufmerksamkeit" (ebd.,816) zu verstehen ist. D.h. der Säugling ist schon in den ersten Monaten in der Lage sich mit seiner Außenwelt relativ aktiv zu beschäftigen, bleibt aber im Wesentlichen auf sich selbst bezogen. Nach Gergely ist die frühe Phase (bis zum dritten Lebensmonat)

> „als Beginn der primären Beschäftigung mit selbsterzeugter (perfekt reaktionskontingenter) Stimulation [zu] verstehen ...deren psychische Funktion im Aufbau der primären Repräsentation des Körper-Selbst besteht" (ebd., 811).

Mit „perfekter Kontingenz" ist ein Mechanismus gemeint, wonach der Säugling in den ersten Lebensmonaten (aufgrund seiner perzeptuellen Fähigkeiten und der frühen Differenzierungsmöglichkeiten zwischen Selbst und Anderem) die Ähnlichkeit (hier als Kontingenz[24] definiert) zwischen Reaktion und Reiz seiner senso-motorischen Aktionen entdeckt (ebd., 814). D.h. die Information aus verschiedenen Sinneseindrücken („Ich berühre meinen Körper und spüre wie ich berührt werde“) wird als Ganzes wahrgenommen und nicht wie bisher angenommen als Teilstück, das später erst sekundär zu einem Ganzen würde.

Eine nach Gergely zukunftsweisende Untersuchung, die von Bahrick und Watson 1985 beschrieben wurde (ebd., 814f.), macht das Bedürfnis nach perfekter Kontingenz (also genauer Übereinstimmung zwischen Reiz und Reaktion) in dieser frühen Entwicklungsphase deutlich: Drei Monate alte Säuglinge bevorzugen ein Live-Videobild des mit den Beinen synchron strampelnden Kindes (perfekt kontingent mit den Reaktionen des Kindes) gegenüber einem zeitgleich gezeigten zweiten Videobild, das ebenso das Kind zeigt, aber mit zeitversetzten Bewegungen der Beine (nicht kontingent). Der Zusammenhang (Kontingenz) zwischen Reizereignis (bewegende Beine sehen) und Reaktion („meine“ Beine bewegen sich) wurde signifikant bevorzugt.

Bahrick und Watson schließen daraus und aus anderen Untersuchungen (vgl. u.a. Papousek und Papousek 1974. Hinweis von Gergely 2002, 814), dass der Säugling in den ersten Lebensmonaten sehr wohl zwischen einem Körper-Ich und der Außenwelt unterscheiden kann (ebd.).

Gergely schlussfolgert aufgrund der Vorliebe für perfekte Kontingenz in der Anfangsphase, dass

> „der Säugling primär mit der Erkundung der perfekt reaktionskontingenten sensorischen Folgen seiner eigenen motorischen Aktivität beschäftigt ist und sich relativ wenig für die distale soziale Umgebung interessiert“ und dadurch „eine primäre Repräsentation des Körperschemas [konstruiert]“ (ebd., 816. Hervorhebung im Original.).

2.3.2 Normale Symbiose

Die Annahme einer normalen symbiotischen Phase, in der keine Differenzierung zwischen Säugling und Mutter besteht und in der der Säugling in der Mutter-Kind-Zweiheit, die von einem Reizschild umgeben ist, verschmilzt, wird heute durch den Hinweis auf eine frühe Anlage „perzeptueller Mechanismen zur Differenzierung von

---

[24] Kontingenz wird hier im Gegensatz zum philosophischen Kontingenzbegriff (Zufall, Nicht-Notwendigkeit) im Sinne von Zusammenhang oder Ähnlichkeit verwendet: Der Säugling nimmt also die Außenwelt nicht als chaotisch wahr , sondern ist in der Lage, Zusammenhänge herzustellen.

Selbst und Anderem“ kritisiert (ebd., 813). Damit ist der oben beschriebene Mechanismus der Kontingenzentdeckung gemeint, der ja ein breites Wahrnehmungsspektrum und Verarbeitungsmöglichkeiten des Säuglings impliziert. Gergely will dennoch Mahlers Grundgedanken eines symbiotischen Verhältnisses nicht gänzlich verwerfen, sondern definiert ihn insofern um, als er die klassische biologische Definition von Symbiose zu Grunde legt. Laut Gergely ist Symbiose

> „die enge Koexistenz zweier Organismen, bei der einer bestimmte lebenswichtige Funktionen des jeweils anderen übernimmt oder erleichtert“ (ebd., 818).

Daraus erschließt sich die Erkenntnis, dass der Säugling zwar nicht im Sinne seiner Undifferenziertheit von der Mutter abhängig ist, er aber für eine gesunde Entwicklung maßgeblich auf eine versorgende Umwelt angewiesen ist. Das ist als primäre Bezugsperson meist die Mutter[25] muss es aber nicht sein (vgl. Papousek 2004 77f., Stern 2000 b, Winnicott 1997, 20).

Die weitere Darlegung erfordert einen Ausflug in die Affektforschung. Gergely lenkt die Aufmerksamkeit auf die Regulierung und Kontrolle der Affekte bei der der Bezugsperson eine entscheidende unterstützende Funktion zukommt:

> „Der Säugling besitzt ursprünglich keine Möglichkeit, affektive Impulse selbst zu regulieren oder zu bewältigen; er muß sich bei Erregung auf die zustandsmodulierende Intervention der Mutter verlassen, um sein homöostatisches Gleichgewicht wiederzugewinnen“ (Gergely 2002, 818).

In dieser Funktion gewährt die Mutter dem Säugling ein Hilfs- Ich, von dessen stützender Aufgabe auch Mahler schreibt (Mahler 1982, 22). Die Art und Weise, wie die Mutter dabei verfährt, internalisiert das Kind im Laufe der Entwicklung und es bilden sich so sekundäre Repräsentationen[26], die dem Kind ermöglichen zunehmend seine Affekte zu regulieren und zu kontrollieren. Gergely

> „ [sieht] deshalb die angemessene Domäne der ‚symbiotischen’ Mutter–Kind-Beziehung in der homöostatischen, affektregulierenden Funktion der frühen mütter-

---

[25] Leider wird die Rolle des Vaters hier vernachlässigt. Um nah am Text zu bleiben wird die Schreibweise Gergelys übernommen, synonym wäre auch der Vater als primäre Bezugsperson zu verstehen, wenn er die entsprechende Rolle einnähme (vgl. dazu die feministische Kritik Kap. 4).

[26] Repräsentationen, bzw. Repräsentanzen (beide Begriffe werden in der psychoanalytischen Literatur verwendet) als Selbst- oder Objektrepräsentanzen sind bildhafte Vorstellungen mit den dazugehörigen Wunschvorstellungen und Affekten, die das Subjekt (das Selbst) in der Erfahrung mit dem Objekt (der/die Andere) intrapsychisch aufbaut und internalisiert. Dahinter steht das Konzept der zentralen Beziehungserfahrung (Rudolf 1995, 71).

lichen Umwelt, die die sich dynamisch verändernden Affektzustände in einem offenen Interaktionssystem effektiv kontrolliert" (Gergely 2002, 818).

Gergely macht dann anhand des Prozesses des Spiegelns anschaulich, wie dieser Vorgang der Internalisierung geschieht. Der Prozess des Spiegelns ist in der psychoanalytischen Entwicklungspsychologie ein zentraler Begriff und bedeutet

> „die mimische, gestische und vokale elterliche Antwort .... mit der diese [die Eltern-MW] auf kommunikative und sonstige Äußerungen ihrer kleinen Kinder reagieren" (Dornes 2001a, 177).

Die Definition des Spiegelns weist schon auf die Interaktion, die zwischen primärer Bezugsperson und Säugling geschieht, weswegen diesem Thema größere Aufmerksamkeit geschenkt wird. Die Diskussion wird noch zeigen, wie nahe Bubers Dialogphilosophie psychologischen Überlegungen dieser Art kommt.

> „Was erblickt das Kind ‚das der Mutter ins Gesicht schaut? Ich vermute, im allgemeinen das, was es in sich selbst erblickt. Mit anderen Worten: Die Mutter schaut das Kind an, und *wie sie schaut, hängt davon ab, was sie selbst erblickt*" (Winnicott 1997, 129. Hervorhebung im Original).

Die Überlegungen des englischen Kinderarztes und Kinderanalytikers Winnicott finden in Gergelys und Watsons (enger Mitarbeiter Gergelys) „sozialen Biofeedback-Mechanismen des mütterlichen Affektspiegelns"[27] eine detaillierte Ausarbeitung (Gergely 2002, 819f). Die Theoriebildung wurde geleitet von der Frage Gergelys, wie es zu der allmählichen Internalisierung der, wie oben vorausgesetzten, mütterlichen Funktion der Affektregulierung komme.

Eine feinfühlige Mutter reagiert in der Regel empathisch auf ihren ärgerlichen, ängstlichen oder frustrierten Säugling. Sie „spiegelt" in der Kontaktaufnahme mit dem Kind kurz seine negativen Gefühle sowohl mit ihrer eigenen Mimik wie auch über Verbalisierung und beruhigt ihn dadurch. Gergely arbeitet drei wesentliche Unterschiede zwischen dem beruhigenden, auf den Säugling abgestimmten Vorgang des Affektspiegelns und tatsächlichen negativen Affekten der Mutter gegenüber ihrem Kind, die dann bedrohlich wären, heraus (ebd., 820 f.).

---

[27] Gergely und Watson beziehen sich auf das Biofeedback, eine Methode wonach durch ein externes Signal (Monitor) Vorgänge des autonomen Nervensystems, die naturgemäß unbewusst sind, zwecks deren Beeinflussung bewusst gemacht werden (z.B: Herzfrequenz, Blutdruck), indem sie visualisiert werden. Im Unterschied zu dem „technischen" Signal ist der *soziale* Biofeedback- Mechanismus in den Kontext der menschlichen Beziehung (primäre Bezugsperson) gesetzt und hat nicht Vorgänge des autonomen Nervensystems, sondern die Affekte (Affektspiegeln) zum Gegenstand (vgl. Dornes 2001a, 194 ff.).

Markiertheit: Die Markiertheit empathischens Affektspiegelns lässt sich am ehesten durch die sogenannte „Babysprache" erklären. Das ist eine universell angelegte Art und Weise (vgl. Papousek und Papousek 1987. Hinweis in Dornes 2001a, 195) des etwas künstlich übertriebenen, variierenden und modulierenden Sprechens mit kleinen Kindern, in der Regel mit hoher Stimme, langsamer und mit Wiederholungen gesprochen. Jede/r, der /die schon einmal Kontakt mit einem Baby aufgenommen hat, weiß, was damit gemeint ist. Durch diese etwas übertriebene Weise zu sprechen erlebt das Kind den Unterschied, das „Als-ob" zum realen „Böse-sein" der Mutter. Erste Kommunikation bietet dem Säugling also bereits eine Bandbreite an Alternativen, Affekte zu erleben und zu deuten. Manche Autoren sprechen diesen ersten Kommunikationsmustern eine wichtige Funktion für die Symbolbildung und die daraus folgend Spielfähigkeit und soziale Kompetenz zu (vgl. ebd., 203 ff.):

> „Gerade indem sie (die Eltern- MW) auf die Affekte des Säuglings manchmal real und manchmal in einer Als-ob-Weise reagieren, vermitteln sie ihm, dass ein Affekt oder Kommentar mehrere Bedeutungen haben kann....Schon dadurch lernt der Säugling, dass es verschiedene Formen davon gibt, und später transferiert das Kind dieses Wissen auf die Dingwelt (ebd., 204).

Nichtsequentialität: Das zweite Merkmal ist das Abkoppeln von sonst üblichen bekannten Folgen eines negativen realen Affekts, die das Kind erwarten würde (Mutter ist böse, schreit, ist ruppiger, legt mich hin, lässt mich allein).

Kontingenzbezogenheit: Nach Gergely erfährt der Säugling eine hohe Kontingenz durch das markierte Affektspiegeln (also die Ähnlichkeit zwischen seinem eigenen mimischen und lautlichen Gesichtsausdruck und dem seiner Mutter). Gergely nimmt an, dass aufgrund dieses Mechanismus der Säugling ein hohes Maß an „kausaler Kontrolle über den gespiegelten Ausdruck" [erkennt]" (Gergely 2002, 821). Gergely und Watson stellen deshalb die These auf,

> „dass der zunächst hilflose Säugling aufgrund der Wahrnehmung kausaler Kontrolle über den affektspiegelnden Ausdruck der Mutter ein Gefühl von Effektivität und Instrumentalität erlebt" (ebd).

Voraussetzung ist, dass die Mutter kongruent die Affekte spiegelt. Nicht-kongruentes Spiegeln, d.h. wenn die Mutter den Affekt des Kindes verzerrt spiegelt, weil beispielsweise ihr eigenes emotionales Erleben bzgl. einer Situation ambivalent oder belastet ist (s.u. Kap.5) lässt den Säugling eher in einem Zustand von Hilflosigkeit und Desorientierung. Gelingt aber kontingentes Spiegeln, dient es der affektiven Zustandsregulierung, durch die der Säugling allmählich Kontrolle über seine affektiven Impulse erlangt.

Dies wiederum geschieht über den Aufbau von sekundären Repräsentationen, eine weitere These Gergelys und Watsons. Die primären Grundemotionen, die universal, genuin transkulturell angelegt sind (s.o. Kap. 2.2.), unterliegen nach Gergely „nicht bewussten, reizgetriebenen Automatismen“ (ebd., 821), die nicht willentlich zu kontrollieren sind. Ein Bewusstsein und die bewusste Kontrolle werden erst über die Bildung sekundärer Repräsentationen erreicht. Mit anderen Worten erlebt der Säugling im Affektspiegeln seiner Mutter seinen eigenen Affekt kontingent, „weiß“ durch die Spezifität des Affektspiegelns (Markiertheit, Nichtsequentialität, Kontingenzbezogenheit), dass es kein realer Affekt der Mutter ist (Entkoppelung), und kann den markierten Gefühlsausdruck der Mutter als Gefühlsausdruck eines Anderen verankern.

Zusammenfassend folgern Gergely und Watson, dass durch das wiederholte empathische Affektspiegeln der Mutter und die dabei sich entwickelnden sekundären Repräsentationen der Säugling diese internalisieren kann, sodass er allmählich in der Lage sein wird affektive Impulse zu regulieren und zu kontrollieren, auch in Abwesenheit der Mutter. Die Mutter übernimmt die Funktion eines externalisierenden Stimulus und macht durch die empathische Affektspiegelung den kindlichen Affekt bewusst. Diese instinktive Neigung der Mutter und der damit verbundene soziale Biofeedback-Mechanismus lassen eine ursprünglich symbiotische Funktion der Mutter (Hilfs-Ich) wiedererkennen und begründen die These des sozialen Biofeedback-Mechanismus des mütterlichen Affektspiegelns. Die Darstellung verweist auf die Abhängigkeit des Säuglings, ohne ihm Undifferenziertheit zu unterstellen.

Dieser kondensierte und noch fragmentarische Versuch, Gergelys Neubewertung der Mahlerschen Theorie vom normalen Autismus und der normalen Symbiose vorzustellen macht deutlich, inwiefern die frühe Interaktion zwischen primärer Bezugsperson und Kind wesentlichen Einfluss hat auf die Entwicklung wichtiger psychischer Strukturen in der Kindheit. Inwiefern sich Parallelen zur Dialogphilosophie herstellen lassen wird in der Diskussion ausgeführt werden.

2.4 Veränderungen in der psychoanalytischen Theoriebildung

„Die Psychoanalyse ist kein einheitliches Theoriegebäude mehr" resümiert Dornes (2001a, 35), wenn sie das überhaupt je einmal war. Er beschreibt, wie sehr die Säuglingsforschung die psychoanalytische Theoriebildung erweitert hat.
Schaute die klassische Psychoanalyse eher auf stark affektive, „hochspannungsgeladene" Zustände (high-tension-learning), die eher qualitativ in kurzen, aber intensiven, auch dramatischen Augenblicken den Aufbau der psychischen Struktur des Kindes beeinflussen (orale Spannungen, anale Kämpfe, ödipale Dramen) und auf der Grundlage der Triebtheorie zu sehen sind, lenkt die Säuglingsforschung neben den affektiven Prozessen auch auf kognitive und eher alltägliche, undramatische, chronisch subtile Interaktionsmuster (low-tension-learning), die internalisiert werden (ebd. 25ff). Daraus formuliert Dornes zugespitzt, die Psychoanalyse schaue auf Desintegration, Fragmentierung und Symbiose während die Säuglingsforschung Integration, Ganzheit und Getrenntheit untersuche, wobei die eine das artikuliere, was die andere unterbelichte (ebd.,32). Insofern ergänzten sie sich.
Zusammengefasst nennt er drei Modelle psychischer Strukturbildung: Erstens alltäglich befriedigende Interaktionen, die internalisiert werden. Frustrationen spielen dabei keine Rolle. Zweitens Mikrofrustrationen, die den Hauptreiz für Verinnerlichungen abgeben, und drittens starke Frustrationen, die mit hohen Spannungen einhergehen. Also nicht nur klassisch existentielle Traumata wie Tod, Geburt, Trennung, Verlust, Entwöhnung, Reinlichkeitserziehung, sondern auch weniger offensichtliche Interaktionsmuster sind wesentliche Einflüsse auf die kindliche Entwicklung und bedürfen der Aufmerksamkeit (ebd., 29) U.a. sind diese interaktionellen Verhaltensmuster der kindlichen Umwelt Gegenstand der interaktionellen Eltern- Kleinkind-Beratung.

2.5 Mutter und Kind – Sterns Beschreibung eines Dialogs

2.5.1 Einleitung

Als nächstes werden einige Beobachtungen des amerikanischen Kinderpsychiaters, Psychoanalytikers und Säuglingsforschers Daniel Stern vorgestellt. Stern hat mit der Faszination eines Forschers sehr genau alltägliche Interaktionen zwischen Betreuungsperson und Kind beobachtet, gefilmt und in Mikroanalysen untersucht. Er ließ sich von dem Grundgedanken leiten, dass Betreuungsperson und Kind sehr genau wissen (bewusst oder unbewusst), „wie“ ihre sozialen Beziehungen ablaufen, und hat sich ihrer als „Lehrmeister“[28] bedient um zu lernen, wie diese erste Beziehung vonstatten geht (vgl. Stern 2000 b, 9 f.).

Sterns Untersuchungen umfassen die ersten sechs Lebensmonate, in denen das Kleinkind eine erste Phase des Lernens durchlebt. Nach Stern (ebd., 14 ff.) hat sich das Kleinkind in diesem Zeitraum die zentralen menschlichen Beziehungsmuster angeeignet, was die Kenntnisse über das menschliche Gesicht, Stimme, Bewegung und Beruhigung betrifft, wie auch Muster über zeitliche und rhythmische Abfolgen menschlicher Kommunikation und die Grundlagen diskursiver oder dialogischer Verhaltensformen (z.B. unterbrochen werden, einander abwechseln). Es hat dies kennen gelernt durch alltägliche unspektakuläre Begegnungen und Erfahrungen mit der primären Betreuungsperson beim Füttern, Wickeln, Baden und Spielen (vgl. Kap. 2.4 low-tension-learning). Nach Stern (ebd., 15) hat sich bis zum sechsten Lebensmonat eine Objektpermanenz gebildet im Sinne eines inneren Bildes der Mutter, das das Kleinkind überdauernd in sich trägt, bei Anwesenheit wie bei Abwesenheit der Mutter (vgl. Kap. 2.3 Bildung sekundärer Repräsentationen von Affekten).

Wie schon erwähnt, fand Stern eine Metapher aus dem Bereich der nonverbalen Künste, um das zu beschreiben, was in der frühen, präverbalen Interaktion zwischen primärer Bezugsperson und Kleinkind geschieht und wie es geschieht. Für ihn ist es ein fein abgestimmter „Tanz“, bei dem beide TänzerInnen die Schritte sehr wohl kennen bzw. sie sich im Tanzen anpassen. Dabei bringen beide TanzpartnerInnen wesentliche, universal angelegte Begabungen mit. Wie diese einmal auf Seiten der Betreuungsperson, dann vom Kleinkind her gesehen ausschauen und welche Schlüsse Stern daraus zieht, wird im Folgenden exemplarisch dargelegt.

2.5.2 Das Repertoire der Betreuungsperson

Stern definiert ein „vom Kleinkind ausgelöstes Sozialverhalten“, das normalerweise Betreuungspersonen bei der Beschäftigung mit einem Kleinkind einnehmen. Das Verhalten drückt sich in Mienenspiel und Vokalisationen aus. Einfach ausgedrückt findet sich diese Verhaltenskonstellation in Form von Babysprache (vgl. Kap. 2.3.2). Wie wir sehen werden, dient die Babysprache nicht nur der Unterscheidung zwischen realen Affekten und gespiegelten Affekten (s.o.), sondern bedeutet auch eine auf die

---

[28] Stern hat in seinem Buch zwecks Textklarheit der Betreuungsperson das weibliche Geschlecht

kindlichen Fähigkeiten bezogene Anpassung der Betreuungsperson zum Erlernen basaler menschlicher Kommunikationsstrukturen. Zu den Ausdrucksformen des Gesichts gehören Überraschung, Stirnrunzeln, Lächeln, Mitleid ausdrücken oder aber ein neutrales, ausdruckloses Gesicht (Stern 2000 b, 18ff.).Diese Ausdrucksformen, Stern nennt sie Displays, finden sich häufig, oft stereotyp in Spielinteraktionen und besitzen Signalwert für das Initiieren oder Einleiten (gespielter Ausdruck von Überraschung, Blickkontakt), Aufrechterhalten und Modulieren (Lächeln wirkt affirmativ), Beenden (Stirn runzeln und Kopf abwenden, Abbrechen des Blickkontakts) oder auch Vermeiden (neutrales, ausdrucksloses Gesicht) von Interaktionen. Durch die räumliche (Augenbrauen heben, Mund öffnen, Lippen zuspitzen, Stirn runzeln etc.) und zeitliche (Verlangsamung, verlängerte Dauer einzelner Silben) Übertreibung, die Beschränkung auf wenige ausgewählte Ausdrucksformen und deren stereotypes Einsetzen fördern sie

> „die Fähigkeit des Kleinkindes Ausdrucksmöglichkeiten des menschlichen Antlitzes zu erlernen“ (ebd., 22).

Neben den mimischen Ausdrucksformen äußern sich auch die Vokalisationen hinsichtlich der Tonhöhe, der Tempi und der Rhythmik und auch Kulturen übergreifend durch Unsinnslaute (z.B. Eiapopeia) auf spezifische Art und Weise. „Sprechen“ Betreuungspersonen mit ihrem Kleinkind, tun sie dies in vereinfachter Syntax, mit hoher Stimme, in einem bestimmten Rhythmus, auch mit Synkopen, was fast gesangsähnlich erklingt. Das Tempo ist in der Regel verlangsamt und es gibt längere Pausen dazwischen. Ein Vokalisationsdialog stellt eher ein imaginäres Zwiegespräch dar, das ein Zeitraster von Rede-Pause-Rede vorgibt, das das Kleinkind in den Zeittakt von Rede und Antwort zwischenmenschlicher Kommunikation einführt (vgl. ebd., 23ff). Eine Mutter verhält sich im Gespräch mit ihrem Kind so, als antworte das Kind. Die Redezeit der vermeintlichen Antwort erfüllt einen imaginären Zeitraum als Pause. Stern hat festgestellt, dass die relativ lange Pause, bis die Mutter wieder spricht, den Pausenzeiten entspricht, die Erwachsene im Dialog einhalten, bevor sie weitersprechen.

Interessant ist, dass die Betreuungsperson im Prozess des Sprechenlernens mit den Fähigkeiten des Kleinkindes Schritt hält, d.h. sich seinem „Niveau“ anpasst, dabei aber immer einen Schritt voraus ist (ebd.).

---

zugedacht und dem Baby (Kleinkind) das sächliche.

Zwei wichtige Phänomene sind abschließend zu nennen, nämlich das Blicken und der Umgang mit Nähe.
Es ist auffällig, dass zwischen Mutter und Kind wesentlich länger Blickkontakt gehalten wird, als das kulturell bedingt üblich ist. Das Blicken ist ein hochwirksames interpersonelles Ereignis, das in unseren Kulturkreisen höchstens zehn Sekunden dauert, es sei denn, es geht um Kampf oder Liebe. Mutter und Kind dagegen schauen sich oft dreißig Sekunden und länger unverwandt an (ebd., 27).
Auch das Nichtrespektieren der natürlichen Intimdistanzschranke, die kulturell variabel ist, und in unseren Landen bei etwa einem Meter liegt, dient besonderer Beachtung. Kinder mögen es nicht, wenn diese Intimdistanzschranke durchbrochen wird[29]. Bezugspersonen überschreiten besonders im Spiel aber häufig diese Schranke. Möglicherweise soll das Kind dabei lernen das Überschreiten dieser Intimdistanzschranke zu dulden um intime Erfahrungen (küssen, kosen) angenehm zu erleben (ebd. 32).

Bevor nun das Repertoire des Kleinkindes erörtert wird, soll hier wegen der immer wieder aufkommenden Tendenz, die Verantwortung für die kindliche Entwicklung den Müttern zu überlassen, eine kurze Anmerkung zu der Frage gemacht werden, wer diese spezifischen auf die Betreuung eines Kleinkindes bezogenen Verhaltensweisen anwenden kann.
Dazu kann in aller Kürze gesagt werden, dass jeder/jede ob alt oder jung (Kinder tun dies ab etwa vier Jahren), Mann oder Frau, der / die mit einem Kleinkind in Kontakt tritt, dieses Verhaltensrepertoire normalerweise einsetzen kann.

> „Weder das eine noch das andere Geschlecht hat diese Verhaltensweisen für sich gepachtet. Es gibt keinen einzelnen Entwicklungsabschnitt im Lebenslauf, etwa von der Pubertät bis zur Menopause, in dem sie hormonell ausgelöst werden und außerhalb dessen sie nicht auftreten können. Anders als bei manchen Tierspezies...sind beim Menschen fast alle männlichen und weiblichen Wesen von der mittleren Kindheit bis ins hohe Alter dergestalt befähigt“ (ebd., 38f.).

2.5.3 Das Repertoire des Kleinkindes

> „Das Kleinkind bringt enorme beziehungsstiftende Fähigkeiten mit auf die Welt“ (ebd., 45).

---

[29] Man interpretiert dies als einen phylogenetisch /evolutionären Schutz von Gesicht und Augen.

Stern spannt den Bogen zwischen diesen Fähigkeiten, die z.T. schon beschrieben wurden, und einer relativen Unreife des Kleinkindes mit dem einfachen Satz:

> „Letzten Endes ist jedes menschliche Wesen einfach das, was es in diesem Moment ist, da wir es vor uns haben" (ebd).

Mit diesem und dem folgenden Zitat drückt er eine dialogische Haltung aus, wie sie Buber nicht hätte besser beschreiben können, und macht einmal mehr deutlich, wie subtil Dialogphilosophie und Säuglingsforschung, wie Stern sie betrachtet, miteinander verwoben sind.

Angesichts dieser Betrachtungen ist der Reifegrad zweitrangig, wenn es um die Beziehung zwischen zwei Menschen geht. Stern schreibt weiter:

> „Noch wichtiger ist: Obwohl eine Mutter verstandesmäßig sehr wohl weiß, dass ihr Baby ein unreifes Geschöpf ist, und oft wünscht, es möge schneller heranwachsen, kann sie zu ihm erst dann eine *umfassende* spontane Beziehung finden, wenn ihr Gefühl dies alles beiseite schiebt. Wie jeder andere in ihrem Leben wichtige Mensch ist das Baby nun einmal, das was es ist, interagiert mit dem, was es hat, wenn man ihm *begegnet*" (ebd., Hervorhebung MW).

Diese beziehungsstiftenden Fähigkeiten sensomotorischer, affektiver, kognitiver und perzeptueller Art sind bereits in den Kapiteln 2.2 und 2.3 beschrieben worden. Stern fokussiert in seinem Buch den Blick / das Sehen, die Fähigkeit den Kopf zu bewegen, den Gesichtsausdruck (Grundemotionen), das Lächeln und das Phänomen, dass die eben isoliert beschriebenen Fähigkeiten als simultane Darbietungen in Verhaltensblöcken geschehen. Diese Fähigkeiten sind es laut Stern, die für das Herstellen zwischenmenschlicher Kommunikation in den ersten sechs Monaten Bedeutung haben (ebd., 46).

Der Blickkontakt hat eine wesentliche beziehungsstiftende soziale Aufgabe. Schon bei Geburt ist das Kleinkind in der Lage auf 20 cm Entfernung zu sehen und erblickt also z.B. beim Stillen oder Füttern mit der Flasche das Gesicht der Mutter. Mit sechs Wochen kann das Kind die Augen des Gegenübers fixieren und diese Fixierung halten. Das ist ein bedeutsamer Entwicklungsschritt, wenn die Betreuungsperson in dieser Zeit zum ersten Mal den Eindruck hat von ihrem Kind angesehen zu werden und dass es ihr in die Augen blickt. Zu diesem Zeitpunkt kann das interaktive Spiel beginnen. Ende des dritten Monats ist das visuell-motorische System wesentlich ausgereift und das Kleinkind kann fast wie ein Erwachsener akkommodieren, kann der Mutter mit seinem Blick folgen und hat Kontrolle über das, was es sehen möchte. Mit sechs Monaten ist das Blickverhalten weiter ausgereift, die Hand-Auge Koordination ermöglicht ein Greifen nach Objekten, was einen neuen Entwicklungsschritt einläutet (ebd., 47ff.).

Die Fähigkeit den Kopf zu bewegen geht einher mit der Ausreifung des visuell-motorischen Systems. Das Kleinkind ist also in der Lage den Blick abzuwenden oder zuzuwenden und damit kann es Interaktion hervorrufen oder abbrechen wenn es z. B. überreizt ist.

Das drei Monate alte Kind ist also in der Lage der Betreuungsperson zu vermitteln, wann es Interaktion aufnehmen möchte und wann es abbrechen bzw. unterbrechen oder sogar vermeiden möchte. Das ist wichtig in Bezug auf die weiter unten vorzustellende Kommunikationstherapie in der Eltern- Kleinkind-Beratung, wo es oft darum geht die Betreuungspersonen für die kleinen aber deutlichen Hinweise des Kindes zu sensibilisieren und dadurch die Bedürfnisse ihres Kindes angemessen interpretieren zu lernen[30].

Dies soll ausreichen, die Kompetenzen des Kleinkindes zu verdeutlichen. Es sind seine „Schritte“ zum gemeinsamen „Tanz“ mit der Betreuungsperson.

2.5.4 Wohin führen diese Schritte?

Es sind die vielen kleineren oder größeren Spiel-Interaktionen, die z.B. in einer kleinen Stillpause stattfinden und zum „unmittelbaren Ziel“ haben, „dass sie Spaß machen, interessieren und erfreuen [sollen] und dass man beieinander ist.“ (ebd., 89). Es ist ein absichtsloses Zusammensein, nichts muss gelernt werden. Es geht darum, das Zusammensein mit einer anderen Person zu genießen, alles „um zu“ steht im Wege. Die Freude am gemeinsamen Spiel steht im Mittelpunkt. Stern bezeichnet dies als Schlüsselbegriff für die gelungene lebendige Beziehung zwischen Betreuungsperson und Kind.

> „Eine Betreuungsperson, die Spaß daran hat, mit ihrer Stimme, ihrem Gesicht, Kopf und Körper wie auf natürlichen Instrumenten zu ‚spielen’ und sie als solche für ihr Baby und mit ihm quasi ‚konzertierend’ einzusetzen, ist affektiv ‚lebendig’....Hat sie keinen Spaß, sondern mimt ihn nur oder spult bloß die Bewegungen ab, so wird der Tag für das Paar wenig ersprießlich sein oder die Spielsitzung kürzer als sonst, oder es findet gar kein Tanz statt“ (ebd.,91).

[30] Eine Fähigkeit, die als elterliche Kompetenz intuitiv und universal angelegt ist, aber aus verschiedenen Gründen verschüttet sein kann. Mehr dazu in Kap.6.

So verstanden wird der „Tanz“ zum Synonym des präverbalen Dialogs zwischen Betreuungsperson und Kind. Findet der „Tanz“ nicht statt, stehen die Partner in einer Ich-Es-Relation, wie sie zu Beginn dieser Darstellung (Kap. 1.3) beschrieben wurde. Das heißt nicht, dass nicht stattfindender Dialog oder „Tanz“ nur negative Folgen hat. Auch die Ich-Es-Relation hat ihre Berechtigung. Nicht alle Tage sind gleich, nicht immer ist die Betreuungsperson in Stimmung, nicht immer ist sie in der Lage die Interaktion hinsichtlich Überstimulation oder anderer Fehlanpassung zu regulieren. Dieses Verfehlen der Grenzen hat die positive Wirkung, dass das Kind gezwungen wird ein Gegen- oder Anpassungsmanöver zu vollziehen, was entwicklungsfördernd ist, da es den Toleranzbereich des Kindes erweitert (ebd.,94). Die Bandbreite dieses Verhaltens von gut abgestimmten gemeinsamen Tänzen und auch den dazu gehörenden Fehlschritten macht es dem Kleinkind möglich, sehr früh

> „die interpersonalen Fertigkeiten zu erwerben, mit denen es soziale Interaktionen bewältigen kann“ (ebd., 95).

Die Forschungsfrage des „Wie“ dieser Spielinteraktionen führt auch zu einer weiteren wichtigen Beobachtung, dass nämlich die Spielinteraktionen, die, wie beschrieben, im alltäglichen Miteinander immer wieder geschehen, eine zeitliche Strukturierung vorgeben.

Jede Interaktion verläuft immer nach dem gleichen Schema. Zuerst entsteht ein oft nur sekundenschneller Blickkontakt (frontales Anblicken, ganze Hinwendung). Alle Aktivitäten ruhen, beide Partner schenken sich ihre volle Aufmerksamkeit. Dann folgt die Engagementsepisode mit wechselnder Länge, klarer Begrenzung von Anfang und Ende. Diese beinhaltet diskrete Verhaltensweisen, Vokalisationen und nonverbale Verhaltensweisen, wobei das Tempo, das einmal für eine Interaktion hergestellt wurde immer beibehalten wird. Die Reizwelt wird für das Kleinkind vorhersagbar, weil das Tempo kalkulierbar ist (ebd., 100). Weiterhin ist auffällig, dass die Interaktionen als thematische Einheit stattfinden. Insgesamt erfährt das Kleinkind also eine überschaubare zeitliche, klare und einfache Struktur. Innerhalb der Engagementsepisode finden Wiederholungssequenzen statt, die die Interaktionen in allen Modalitäten variieren. Durch diese Variationen kann jeder Aspekt menschlichen kommunikativen Ausdrucksverhaltens präsentiert werden (vgl. Babysprache als Repertoire der Betreuungsperson).

Von Bedeutung ist dann die immer nach der Engagementsepisode eintretende Pausenepisode, die durch eine relative Verhaltensruhe gekennzeichnet ist und zur Entspan-

nung bzw. Nachregulierung dient. (Beim Nichtbeachten dieser notwendigen Pause kann es zu Störungen der Interaktion durch Überstimulierung kommen).
Zuletzt soll nur angedeutet Sterns Theorie über die Bildung von überdauernden inneren Repräsentanzen als Voraussetzung von Objektpermanenz erwähnt werden. Sie ist im Hinblick auf die Frage, wie der Schritt von der Interaktion zur Beziehung gemeistert wird, relevant. Denn

> „zweifellos ist eine Beziehung vom Werdegang aller dieser einzelnen Interaktionen bestimmt, aber sie bedeutet auch mehr als die Summe vergangener und gegenwärtiger Interaktionen" (ebd., 117).

Nach Stern findet in einer Beziehung eine andere Art von Organisation bzw. eine andere Integration von Erfahrung statt. Immerhin geht es um eine spezifische Zuwendung zu einer Einzelperson, von der man nach Stern vermutlich in der zweiten Hälfte des ersten Lebensjahres als Beziehung reden kann. Wenn das Kleinkind um den neunten Monat herum Anzeichen von „Trennungsreaktion" zeigt als Ausdruck von Unbehagen bei Verlassen der Betreuungsperson und in der „Vereinigungsreaktion" Erleichterung ausdrückt (die Verhaltensweisen der einzelnen Kinder können in beiden Fällen sehr unterschiedlich sein) weist dieser Entwicklungsschritt darauf hin, dass eine echte Beziehung zur primären Betreuungsperson besteht. Stern setzt dabei für die Entstehung von Beziehung zu einem Menschen ein von diesem getrenntes Selbst voraus (ebd.,118). Stern ist in dieser Sichtweise der Selbstentwicklung nicht unumstritten. Ein Exkurs zu Sterns Theorie der Entwicklung des Selbstempfindens wird diesem Kapitel folgen. Denn im Hinblick auf die Dialogphilosophie ist die Betonung eines Selbst, das sich vom Anderen, hier der primären Bezugsperson, getrennt, also distanziert erleben muss, um in Beziehung zutreten, eine interessante Verbindung zu Bubers Anthropologie, die eine Distanzierungsbewegung voraussetzt für das Eintreten in eine Beziehung (s.o. Kap. 1.5).
Nach Sterns Theorie bilden sich innere Repräsentanzen, die ermöglichen, dass das Kleinkind sich als getrenntes Selbst erlebt, weil es z.B. eine Repräsentanz der primären Betreuungsperson in sich trägt, dadurch, dass das Kleinkind sensomotorische und affektive Erfahrungen in Einheiten erlebt. Stern gibt folgende Beispiele, um dies zu verdeutlichen:

> „Eine solche Erfahrung können beispielsweise die Gefühle des Kleinkindes sein, wenn es selber lächelt, die Betreuungsperson lächeln sieht und es innerlich mit Lust empfindet, wie seine Erregung steigt....Eine andere könnten die Gefühle des Klein-

> kindes sein, wenn es ein drohend näherkommendes Gesicht wahrnimmt und einen raschen Erregungsanstieg erfährt, der negativ getönt ist und dann den Kopf scharf abwendet, wodurch sich die Intensität der Wahrnehmung und des inneren Gefühls vermindert“ (ebd., 130).

Wie eine Ergänzung und Korrektur der bisherigen psychoanalytischen entwicklungspsychologischen Theorien nach Stern aussehen könnte, wird im Folgenden angedeutet.

2.5.5 Exkurs: Die Entwicklung des Selbst - Sterns Perspektive auf die frühe Entwicklung von Selbst (Subjekt) und Anderem/Anderer (Objekt)

Sterns Anliegen ist es Erkenntnisse aus zwei unterschiedlichen Disziplinen, der Säuglingsforschung und der psychoanalytischen Entwicklungstheorien, zusammenzubringen. Sein Hauptinteresse gilt der Entwicklung des Selbstempfindens, dem subjektiven Erleben des Säuglings, das er in seinem Buch „Die Lebenserfahrung des Säuglings“ (2000a) ausführlich beschreibt. Stern plädiert mit seiner Hauptarbeitsthese, der Säugling entwickle bereits in den ersten Monaten eine Differenzierung von Selbst und Anderem/r, für eine Korrektur und Ergänzung bisheriger psychoanalytischer Entwicklungspsychologie. Dabei verbindet sich sein psychoanalytisches Verständnis von innerpsychischen und interpersonalen subjektiven Vorgängen kreativ mit seinen eigenen zahlreichen Beobachtungen von Säuglingen in ihren frühen Interaktionen und den Erkenntnissen der neueren Säuglingsforschung (vgl. Kap.2). Im Folgenden werden die ersten beiden Stufen der Selbstentwicklung beschrieben, da sie in Hinblick auf Bubers Dialogphilosophie die markantesten Entwicklungsschritte beinhalten.

Grundsätzliche Überlegungen

Um Sterns Ansatz zu verstehen, sind einige seiner grundsätzlichen Überlegungen anzuführen.

Stern lehnt eine phasenspezifische Entwicklungspsychologie ab und beschreibt vielmehr Entwicklungsthemen (z.B. Vertrauen, Autonomie) als lebenslange Themen, die aufgrund zunehmender kognitiver und motorischer Fähigkeiten in veränderter Form immer wieder auftauchen. Er verdeutlicht dies an unterschiedlichen Theorien über die Entwicklung von Autonomie, die anerkannte AutorInnen an ein je verschiedenes, aber spezifisches Alter binden. Sigmund Freud beschrieb die anale Phase etwa im Alter von zwei Jahren als Markierungspunkt für die beginnende Autonomieentwick-

lung durch die Kontrolle der Ausscheidungsorgane, René Spitz ordnete sie der Phase des Spracherwerbs, nämlich der Fähigkeit „nein" zu sagen, etwa ab 15 Monaten zu. Margret Mahler wiederum sah die Autonomieentwicklung in den lokomotorischen Fähigkeiten mit etwa 10-12 Monaten, wenn sich das Kind aktiv und selbstbestimmt von der Mutter entfernen kann (Stern 2000a, 39). Die große zeitliche Differenz zwischen den beschriebenen Phasen weist darauf hin, dass das gleiche Thema zu unterschiedlichen Zeiten auf den Schauplatz kindlicher Entwicklung tritt, je nach den sich entwickelnden motorischen und kognitiven Fähigkeiten. Sterns Analysen von Interaktionen mit vier Monate alten Säuglingen, deren visuell-motorisches System schon gut ausgereift ist, zeigen, dass diese schon in der Lage sind soziale Interaktionen zu kontrollieren (Abwenden des Blickes, Wegdrehen des Kopfes, vgl. ausführlich Kap.2.5); mit sieben Monaten (Reifung der Auge-Hand-Koordination) machen sie mit Gesten und Lauten ein „Nein" deutlich.
Stern bevorzugt deshalb von Entwicklungsbereichen, genauer von „Bereichen der Bezogenheit" zu sprechen (ebd. 54), in denen sich vier Empfindungen des Selbst entwickeln. Die Entstehungszeiten der verschiedenen Bereiche der Bezogenheit sind besonders sensible Phasen. Aber die Themen dieser Bereiche sind nicht phasenspezifisch auf diese Zeit beschränkt, vielmehr ziehen sich diese Themen spiralförmig durch die gesamte Lebensspanne, wobei frühere Themen von den neu vorhandenen Organisationsformen aufgenommen werden (ebd.). Wenn ein Bereich herausgebildet ist, bleibt er als gesonderte Form sozialen Erlebens und Selbsterlebens erhalten.

Welches sind diese Bereiche der Bezogenheit, wann treten sie jeweils zum ersten Mal auf und wie kann man sich das Selbstempfinden vorstellen ?
In den ersten Wochen im Leben eines Neugeborenen (0-2 Monate) bildet sich der „Bereich der auftauchenden Bezogenheit" aus, während dessen sich das „auftauchende Selbstempfinden"(ebd. 49) ausgestaltet. Im Alter von zwei bis drei Monaten beginnt der „Bereich der Kernbezogenheit" sich zu entwickeln und bis zum siebten bis neunten Monat entsteht die „Empfindung des Kern-Selbst". Dann kommen wir in den „Bereich der intersubjektiven Bezogenheit", in dem sich die „Empfindung des subjektiven Selbst" etwa bis zum 15. Monat entwickelt. Intersubjektivität bedeutet bei Stern die Fähigkeit nicht nur die eigenen, sondern auch die „Subjekthaftigkeit"

des/der Anderen zu entdecken (ebd. 48)[31]. Stern schreibt dem Säugling nun, beim Entstehen des Bereichs der Intersubjektivität, subjektive mentale Zustände zu, die Gefühle, Motive, Absichten beinhalten, die jenseits des körperlichen Empfindens liegen (ebd). Intersubjektivität lässt sich nicht wirklich beschreiben, sie berührt den Bereich des „Ich-Du". Der Beginn der Sprachentwicklung markiert einen weiteren Einschnitt, den Stern als „Bereich der verbalen Bezogenheit" bezeichnet, in dem sich das „verbale Selbst" entwickelt. Mit Beginn der Fähigkeit zur Symbolisierung setzt die Entwicklung eines reflexiven Selbst ein (ebd. 49)[32].

Wie Stern sich dieses Selbstempfinden vorstellt und an welchen Punkten er grundsätzlich anders denkt als bisherige AutorInnen, wird nun im Folgenden beschrieben.

Das Selbstempfinden, die Wahrnehmung eines Selbst, setzt die Fähigkeit zwischen Selbst und Anderem/r zu unterscheiden voraus[33].
Nach Stern entwickelt sich das Selbstempfinden schon präreflexiv vor der Sprachentwicklung, die herkömmlich als Markierungspunkt für das Entstehen eines Selbstbewusstseins genannt wird. Das Selbst, von dem Stern spricht, ist ein körperliches Selbst. Dieses körperliche Selbst, das sich durch „Urheberschaft" (ebd 19) nämlich „[dem] Empfinden, Urheber der eigenen Handlungen zu sein" (ebd. 20), sowie kohärente körperliche Wahrnehmungen[34] und dem Erleben von zeitlicher Kontinuität ausweist, ist nach Stern „ein einfaches (nicht–selbstreflexives) Gewahrsein[35]" (ebd.). Stern bewegt sich hier innerhalb der psychoanalytischen Theoriebildung auf neuen Pfaden, was ihm auch Kritik einbringt. Mit Begriffen wie Urheberschaft und Gewahrsein assoziiert die aufmerksame Leserschaft eine Verbindung zu existentialistischen Denkansätzen.

---

[31] In Abgrenzung dazu die unterschiedliche Bedeutung des Begriffs bei Atwood/Stolorow/Orange „Intersubjektivität und Kontextualismus in der Psychoanalyse" oder aus der Wissenssoziologie Berger/Luckmann (2000) „Die gesellschaftliche Konstruktion der Wirklichkeit."

[32] In den bisherigen Theorien wird die beginnende Entwicklung eines Selbst frühestens für die Zeit der Sprachentwicklung angesetzt.

[33] Genau diese Fähigkeit sprechen die früheren Entwicklungstheorien dem Säugling ab (ebd. 71).

[34] Vgl. Kap. 2.3 Kontingenzerfahrung

[35] Gewahrsein ist ein Begriff aus der Gestalttherapie, die auf humanistischen Theorien begründet ist. Inwieweit Stern hier bewusst oder unbewusst eine Brücke von der psychoanalytischen Theoriebildung zur existentialistischen Philosophie oder humanistischer Theorie schlagen will, muss offen

Bereich der auftauchenden Bezogenheit - das auftauchende Selbstempfinden

Im ersten Bereich der Bezogenheit, den Stern den Bereich der auftauchenden Bezogenheit nennt, entsteht das auftauchende Selbst. Er umfasst die beiden ersten Lebensmonate, bis mit etwa zwei Monaten ein deutlicher Entwicklungssprung zu beobachten ist, wenn das Kind „sozialer" wird, Blickkontakt aufnimmt etc. (vgl. Kap.2.5). Stern interessiert sich für den Entwicklungsgang des Entstehens neuer Fähigkeiten und fragt, ob und wie der Säugling diesen Lernprozess wahrnimmt. Eine weitere Hauptaussage seines Buches ist, dass die Zeit des Entstehens neuer Fähigkeiten, der Prozess selbst, auch vom Säugling erlebt wird und zusammen mit dem Resultat, (der erworbenen Fähigkeit, der neu auftauchenden Organisation) das auftauchende Selbst beschreibt. Er lenkt den Blick auf den Prozess des Erlernens einer neuen Organisation und geht davon aus, dass der Säugling genau diesen Prozess wahrnimmt, wie oben beschrieben als präreflexives Empfinden, das den Moment des Erlebens hervorhebt. Dabei bilden die intrinsische Motivation zu lernen, als genuine Anlage, und das als Verstärkung erlebte Resultat (die neue Fähigkeit) eine Einheit im Erleben von sich neu bildenden Organisationen (ebd.72). Der Bereich auftauchender Bezogenheit beschreibt den Prozess des sich entwickelnden Selbstempfindens, wobei isolierte Erfahrungen zu Netzwerken verknüpft werden, das Erleben geordnet und in Beziehung gesetzt wird.

> Es ist nämlich nicht so, daß der Säugling hilflos einem Strudel abstrahierbarer Erlebnisqualitäten ausgeliefert wäre: Allmählich und systematisch ordnet er diese Aspekte seines Erlebens, so daß er invariante Konstellationen des Selbst und Anderen identifizieren kann. Und wann immer sich eine Konstellation herausbildet, erlebt der Säugling das Auftauchen von Organisation ...Diese globale, subjektive Welt auftauchender Organisation ist und bleibt der grundlegende Bereich menschlicher Subjektivität (ebd. 103).

Das neue Wissen um die perzeptiven und kognitiven Kompetenzen des Säuglings dient Stern als Ausgangslage für seine Theorien. Der Säugling erlebt von Geburt an eine differenzierte und komplexe Wahrnehmungswelt (vgl Kap.2). Diese Erkenntnis beinhaltet für Sterns Behauptungen grundlegendes Material um das frühe Auftauchen eines präreflexiven Gewahrseins nachzuweisen.

---

bleiben. Sterns Sprache und Begrifflichkeit zeigt einmal mehr eine dialogische Haltung, wie sie auch in Kap. 7 beschrieben wird.

Nach Stern nimmt „jegliches Lernen und schöpferisches Tun...seinen Ausgang im Bereich der auftauchenden Bezogenheit“ (ebd.).

Bereich der Kernbezogenheit - das Empfinden eines Kernselbst[36]

Für das Thema der vorliegenden Studie ist der zweite Bereich der Bezogenheit, in dem sich das Empfinden eines Kern-Selbst entwickelt (und damit implizit die Differenzierung zwischen Selbst und Anderem/r), von großem Interesse, da Buber in seiner Anthropologie als Voraussetzung für das In-Beziehung-Treten zwischen Menschen die Grundbewegung von Distanz und Beziehung, die Fähigkeit das Selbst vom Anderen zu unterscheiden voraussetzt (vgl Kap. 1.5). Hier soll im kurzen Überblick Sterns Theorie dargelegt werden. Ausführliche Belege seiner Theorie finden sich in seiner eigenen Darstellung Stern (2000) sowie bei Dornes (2001b). Außerdem sind die Ausführungen in Kap. 2 zu den Kompetenzen des Säuglings in den ersten Lebensmonaten als Belege zu Sterns Theorie des „self-with-other“ bzw. „self-versus-other“ zu lesen.

Vier unterschiedliche Formen von Selbsterfahrung sind nach Stern erforderlich um ein Kern-Selbst zu entwickeln: Die „Urheberschaft“ als

> „ das Empfinden Urheber eigener Handlungen und Nicht-Urheber der Handlungen anderer Menschen zu sein: Willen zu besitzen, selbst erzeugte Aktionen kontrollieren zu können ...und bestimmte Konsequenzen der eigenen Aktionen zu erwarten (ebd. 106)“.

Als zweites ist die „Selbst-Kohärenz“ des Empfindens zu nennen, als

> „das Empfinden, ein vollständiges körperliches Ganzes zu sein und sowohl in der Bewegung ...als auch im Ruhezustand über Grenzen und ein körperliches Handlungszentrum zu verfügen (ebd.).“

und als drittes die „Selbst-Affektivität, d.h. das Erleben regelmäßiger Gefühlsqualitäten“ (ebd.). Die „Selbst-Geschichtlichkeit“ als vierte Selbsterfahrung meint das

> „Gefühl der Dauer, der Einbindung in die eigene Vergangenheit, das Gefühl eines ‚fort währenden Seins’, so daß man sich durchaus verändern kann und doch dieselbe

[36] Sterns „Empfinden eines Kernselbst“, das sich ab dem zweiten Monat entwickelt, ist nicht identisch mit dem „Kernselbst“, das die Selbstpsychologie (Kohut) beschreibt. Kohuts Terminologie des Kernselbst entspricht in Sterns Begriffen etwa dem Beginn des subjektiven Selbst (Intersubjektivität), das um den achten Lebensmonat herum angesiedelt wird (Lotte Köhler 1998a 34).

> Person bleibt. Der Säugling nimmt im Fluß der Ereignisse Regelmäßigkeiten wahr" (ebd).

Stern unterstreicht die Bedeutung des momentanen Erlebens als Selbstempfindung (vgl. dazu Bubers Begriff der Gegenwärtigkeit). Wie oben beschrieben befinden wir uns in Bereichen präreflexiven Erlebens. Selbstempfinden in Sterns Begrifflichkeit bewegt sich um mit Buber zu sprechen im Bereich des „Ich-Du". Es ist kein kognitiver oder affektiver Akt, auch wenn kognitive und affektive Fähigkeiten zum Tragen kommen. Es ist die Interpretation des Erlebens im Jetzt.
Die Lebensphase zwischen dem zweiten und sechsten Monat ist stark durch das soziale Verhalten (soziales Lächeln, Blickkontakt) geprägt. Erst etwa ab dem siebten Monat kommt mit der Ausreifung der Auge-Hand-Koordination das Interesse an unbelebten Objekten, das Greifen und Erforschen von Gegenständen etc. hinzu, während in den ersten beiden Monaten die physiologische Regulation (Schlaf-Wach-Rhythmus, Hunger-Sättigung) im Vordergrund steht (ebd.108). In dieser Zeit, in der sich soziale Verhaltensweisen organisieren, ist der Säugling nach Stern schon in der Lage zwischen sich und Anderem/r zu unterscheiden und ein Kern-Selbst, das immer noch ein körperliches Selbst ist, zu entwickeln. Dieses Kern-Selbst umfasst sowohl das Empfinden eines Getrenntseins vom Anderen/der Anderen (self-versus-other) als auch ein Erleben des Selbst mit einem/r Anderen (self-with-other). Damit stellt er die tief verwurzelte psychoanalytische Theorie von primärer Verschmelzung/Symbiose und sekundärer Differenzierung (vgl. Kap. 2.3) in Frage und behauptet umgekehrt, dass am Anfang Differenzierung steht, die dann Verschmelzung ermöglicht (vgl. Dornes 2001b, 89).

Abschließende Gedanken

Im Hinblick auf den Gegenstand dieser Studie, nämlich die Dialogphilosophie, ist es interessant genau hinzuschauen von welcher Haltung Sterns These getragen ist. Meine These ist, dass seine Perspektive des Prozesshaften und des Erlebens im Moment im Bereich der präreflexiven Entwicklung nicht immer verstanden wird, wenn sein Ansatz kritisiert wird. Dass er kritisiert wird, da er angestammte Konzepte in Frage stellt, ist, abgesehen davon, dass es natürlich einen Diskurs geben muss, möglicherweise auch auf die dialogische Haltung und eine Blickrichtung, die das Sein als

Wirklichkeit konstruiert und die üblichen Pfade von struktureller Theoriebildung verlässt, zurückzuführen. Auch seine Erfahrung als Säuglingsforscher, nämlich das konkrete Beobachten, die Teilhabe an unzähligen geglückten und nicht geglückten Interaktionen zwischen Bezugspersonen und Säuglingen geht in seine theoretischen, vom psychoanalytischen Denken geleiteten Ausführungen ein.

Die kurze Darstellung von Sterns Forschungen muss hier beendet werden, um den Rahmen der Arbeit einzuhalten. Die wesentliche Denkrichtung ist jedoch angegeben. Es ging darum zu zeigen, wie erstens das frühe Miteinander der Betreuungsperson und des Kleinkindes eine Einführung in die grundlegenden Muster menschlichen Zwiegespräches und der Beziehung auf präverbaler Ebene gewährt und inwiefern zweitens das Kleinkind ein früh mitagierender oder besser „mittanzender" Partner ist, der in einem gewissen Maß in der Lage ist die Betreuungsperson als Andere wahrzunehmen.

Die Faszination, die Stern ergriffen hat angesichts der Einmaligkeit und Besonderheit dieser frühen Begegnungen zwischen primären Betreuungspersonen und Kind, konnte vielleicht durch die Darstellung vermittelt werden. Deutlich wird sie noch einmal zum Schluss, wenn er angesichts der Fülle von Erkenntnissen Zurückhaltung anmahnt in der Einschätzung von „normalen" und „pathologischen" Interaktionsmustern und den daraus eventuell folgenden pädagogischen Interventionen.

Sein Fazit ist, dass Spontaneität und ein Fundament von Unbefangenheit und intuitivem Zutrauen am besten in informellen Gruppen (Krabbelgruppen, Müttertreffs in der Nachbarschaft) von anderen Müttern im Zusammensein mit ihren Kindern „gelernt" wird, und zwar als Erfahrung, dass andere dieselbe Erfahrung von Tun und Sorgen mit ihrem Kind machen, aber jede dennoch ihren eigenen risikoreichen Weg gehen muss.

Und mit dem Wissen eines Kinderpsychiaters um viele Fehlschritte im gemeinsamen frühen Tanz setzt er doch zum Schluss seines Buches großes Vertrauen in die natürlichen regulierenden Mechanismen:

> „Die andere wichtige Lehre aus diesen Studien besagt: In dieses System von Variabilität innerhalb der Struktur bringen das Kleinkind und die Betreuungsperson die erforderlichen Verhaltensweisen und ‚Empfangsantennen' ein, so dass es mit der Zuverlässigkeit und Robustheit funktionieren kann, in denen sich spiegelt, dass die Natur hier allmählich, in jahrtausendelanger Evolution, ein interaktives System ver-

vollkommnet hat, dessen Zweckbestimmung es ist, Individuen zu entwickeln, nicht aber Fehlleistungen hervorzubringen“ (ebd., 163).

2.6 Bindungstheorie - nicht nur Theoretisches zum Bedürfnis nach Verbundenheit

2.6.1 Einleitung

John Bowlby (1907-1990), englischer Kinderpsychiater und Psychoanalytiker, gehörte wie schon erwähnt zu den ersten, die aus direkter Säuglingsbeobachtung theoretische Schlüsse für die kindliche Entwicklung zogen. Er ist der Begründer der Bindungstheorie. Schon während seiner Ausbildung zum Kinderpsychiater unter der Kontrollanalyse Melanie Kleins betonte er die Rolle der Umwelt bei der Entstehung psychischer Störungen, im Besonderen den negativen Einfluss einer längeren Trennung des Kindes von der Mutter. Die Folgen dieser Trennung zwischen Mutter und Kind sollten auch zukünftig im Mittelpunkt seines Forschungsinteresses liegen. (Bowlby untersuchte zuvor delinquente Jugendliche und deren familiäre Hintergründe). Im Laufe der Zeit wurde allerdings das Interesse an der normalen Entwicklung des Kindes vorrangig, und zwar unter der Fragestellung, welcher Art die natürliche Verbindung zwischen Mutter und Kind sei, wenn deren Trennung solche gravierenden Folgen hatte (vgl. Dornes 2001a, 40 f.).

Bowlbys Aufmerksamkeit richtete sich nun auf neuere Erkenntnisse aus der Ethologie, zudem systematisierte er seine Beobachtungen von Kindern, die in Heimen, aus welchen Gründen auch immer, getrennt von ihren Müttern lebten, und erforschte vor dem Hintergrund eines eher systemischen Blickwinkels die Organisationsformen des Bindungsverhaltens von Kleinkindern gegenüber ihren Pflegepersonen. Die Beobachtung des konkreten Kindes und seiner konkreten Erfahrung und die sich daraus ableitende Theorie unterschied sich grundsätzlich von der psychoanalytischen Theoriebildung, die von einem phantasierten Kind ausging. Vorwürfe aus psychoanalytischen Reihen, erstens zu behavioristisch zu sein, zweitens sich zu sehr von Tierbeobachtung leiten zu lassen, drittens die psychosexuelle Triebtheorie zu relativieren und viertens die interpersonelle Interaktion gegenüber der intrapsychischen Dynamik überzubewerten, führten zu großen Kontroversen zwischen den psychoanalytischen Instituten und dem inzwischen international bekannten Bowlby, der sich in der Folge von den psychoanalytischen Kreisen abwandte (ebd. 42 f.).

Seit den achtziger Jahren jedoch gewinnt die bindungstheoretische Forschung und deren Diskussion neues Interesse. Dornes (ebd. 37) vermutet neben dem theoretischen Interesse einen soziologischen Hintergrund und zitiert den Philosophen Zygmunt Baumann:

> „ Der Philosoph Zygmunt Baumann hat in einem Gespräch (1996) argumentiert, daß das derzeitige Unbehagen nicht aus einem Übermaß an Triebunterdrückung herrührt (wie zu Freuds Zeiten), sondern aus einem Gefühl der Desorientiertheit in einer unübersichtlich gewordenen Welt. Unsicherheit, nicht Unterdrückung, sei das zentrale Problem des ‚postmodernen' Menschen. Die Bindungstheorie, welche die Begriffe der (Bindungs-)Sicherheit und Unsicherheit als Eckpfeiler ihres theoretischen Grundgerüsts verwendet, scheint gerade dadurch einen zentralen Affekt und eine zentrale Besorgnis des heutigen Menschen zu thematisieren" (ebd.).

2.6.2 Zentrale Grundlagen und Begriffe

Grundlage von Bowlbys Bindungstheorie ist, dass das Bedürfnis des kleinen Kindes nach Sicherheit und Nähe, das sich in Verbundenheit[37], Kontakt und Zuneigung ausdrückt, einem primären autonomen motivationalen System entstammt, das neben anderen Motivationssystemen gleichberechtigt besteht. Es ist unabhängig von oralen, sexuellen oder aggressiven Triebbedürfnissen (ebd., 44). Anna Buchheim und Horst Kächele fassen zusammen:

> „Seine (Bowlbys- MW) Annahmen gehen davon aus, daß sich ein Kleinkind, phylogenetisch determiniert, an eine Person bindet und durch die Reaktionen dieser Bindungsfigur auf seine Signale eine innere Repräsentation von Bindung entwickelt. Dieses basale Prinzip hat weitreichende Konsequenzen für die spezifische, ontogenetisch geformte Verinnerlichung von Interaktionen und Ereignissen, die im späteren Lebenslauf bindungsrelevante Gefühle und Kognitionen beeinflussen" (Buchheim/Kächele 2002, 949).

Bowlby stieß bei seinen Forschungen auf die Untersuchungen des Ethologen Harlow, der eine Hierarchie von Bedürfnissen bei Primaten feststellte, wobei die Bedürfnisse nach Bindung vorrangig waren gegenüber oralen Bedürfnissen[38].

Bindung ist jedoch ein Motivationssystem, das besonders in Gefahr- und Stresssituationen aktiviert wird. Die Bindungsfigur ist nicht austauschbar. Gefahrensituationen aktivieren die Suche nach Nähe zur Bindungsfigur, das Bindungssystem ist darauf

[37] Siehe dazu Bubers Beschreibung des Triebes nach Verbundenheit in Kap.1.9.

[38] Im Versuch wurden Primatenjungen Surrogatmütter aus Draht, die mit Milchflaschen versehen waren, und weiche Stoffsurrogate angeboten. Die Affenbabys bevorzugten den Kontakt zur Stoffpuppe gegenüber der nährenden Drahtmutter. Affenjunge, die nur von Drahtsurrogatmüttern aufgezogen wurden, zeigten schwere Störungen im Sexual- und Sozialverhalten.

ausgerichtet wieder Nähe herzustellen. (Evolutionsbedingte Anpassungsleistungen könnten hierfür eine Erklärung bieten: Die Entfernung von der Mutter bedeutete reale Gefahr.)

Ist diese Nähe – als ein Zustand von Sicherheit - wieder erreicht, wird das System deaktiviert und das Kind kann sich entspannt anderen Aktivitäten, wie Spiel oder Erkundung (Exploration) der Umwelt hingeben. Auf der Basis einer sicheren Bindung ist das Kind in der Lage sich explorativ seine Umwelt anzueignen. Ein ausgewogenes Verhältnis von Bindung und Exploration ist nach Grossmann / Grossmann (2001) Grundlage für seelische Gesundheit, denn ein sicheres Bindungsverhalten schafft die Grundlage für sicheres Explorationsverhalten, was sich z.B. auf die Konzentration im kindlichen Spiel auswirkt (vgl. Gebauer/ Hüther 2001, 60).

2.6.3 Die fremde Situation / Bindungsqualitäten

Die Psychologin Mary Ainsworth (1913-1999) bereicherte Bowlbys theoretische Überlegungen um eine wesentliche Methode zur Erfassung von Bindungsstilen bei Kleinkindern im Alter von 12 Monaten.

Die „fremde Situation“ ist ein standardisiertes Setting, in dem das Kleinkind mit seiner Mutter Trennungs- und Wiedervereinigungssituationen in einer Spielsituation erlebt, wobei sich das Kind einmal zusammen mit einer fremden Person und auch einmal ganz allein erlebt, bevor es die Mutter nach der Trennung wiedersieht. Die Reaktionen des Kindes bezüglich seines emotionalen Verhaltens gegenüber der Mutter, der Art der Kontaktaufnahme beim Wiedersehen, die Beobachtung, wie es sich beruhigen lässt und wie es das Spiel oder die Erkundung seiner Umwelt wieder aufnimmt, sind dabei von besonderem Interesse.

Ainsworth verwies auch auf den Zusammenhang von sicherer Bindung und der Fähigkeit zur Exploration als gelungene altersgerechte Ablösung von den Eltern. Neben verschiedenen anderen Autoren, die graduell unterschiedliche Klassifikationen vornehmen, beschreibt sie drei Klassen von Bindungsqualitäten bei Kleinkindern als Ergebnis aus vielen Beobachtungen von Kindern in der „fremden Situation“ (vgl. Schmidt/Strauß 1996, 142):

Kinder mit sicher gebundenem Verhaltensmuster sind in der Regel beunruhigt, wenn die Mutter sie verlässt. Nach deren Rückkehr suchen sie ihre Nähe, bis sie sich beruhigt haben und bis sie sich von der sicheren Basis aus wieder lösen um sich ihrem Spiel oder der Umwelt zu widmen.

Bei unsicher vermeidendem Bindungsverhalten ist auffallend, dass diese Kinder kaum negative Gefühle bei der Trennung von der Mutter zeigen, innerlich aber gestresst sind, worauf eine hohe Cortisolausschüttung hinweist (Speicheluntersuchung). Die negativen Gefühle werden also im Ausdruck unterdrückt. Das Bindungsverhalten ist wenig ausgebildet, Nähe wird bei der Wiedervereinigung vermieden. Dabei ist die Exploration überaktiviert. Das Verhalten fremden Personen gegenüber unterscheidet sich kaum von dem gegenüber der Mutter.
Eine dritte Gruppe zeichnete sich durch ein unsicher ambivalentes Verhalten aus. Diese Kinder waren während der Trennung sehr verängstigt und ließen sich bei Rückkehr der Mutter kaum beruhigen. Das Bindungsverhalten war extrem exponiert, während das Explorationsverhalten deaktiviert war. Ein ständiger Wechsel zwischen der Suche nach Nähe und einer aggressiven Ablehnung des Kontakts verhinderte eine Hinwendung zum Spiel bzw. zur Umwelt.
Alle drei Bindungsstile zählen zu den organisierten inneren Arbeitsmodellen (inner working models), die nach Bowlby ein lebenslanges Verhaltensmuster im Umgang mit Trennung und Verlust begründen. Mary Main hat diese drei Qualitäten um eine vierte erweitert, die nicht zu klassifizierende oder desorganisierte Ausbildung eines inneren Arbeitsmodells. Diese Kinder fielen durch besonders unvereinbare Verhaltensweisen auf (stereotype Bewegungen, Phasen von Starrheit, Ausdruck von Angst gegenüber einem Elternteil). Ein desorganisierter Bindungsstil ist ein Mangel an Strategie und Organisation, der aber System hat (vgl. ebd., 142).

2.6.4 Feinfühligkeit

Ainsworth bezog die Ausbildung des Bindungsstils auf die Qualität des Verhaltens der primären Bezugsperson in der frühen Kindheit und prägte den Begriff der Feinfühligkeit.
Feinfühliges Verhalten der primären Bezugsperson äußert sich dem Kind gegenüber mit folgenden Merkmalen[39]:

- Kindliche Signale werden *aufmerksam* wahrgenommen.
- Das kindliche Signal wird *„richtig“* interpretiert und ist nicht gefärbt durch eigene Bedürfnisse.

---

[39] Man beachte die Parallelen zum gelungenen Affektspiegeln (Kap. 2.3), zur gelungenen Interaktion (Kap. 2.4) und die Merkmale des erzieherischen dialogischen Verhältnisses (wesenhafte Begegnung, Vergegenwärtigung, einseitige Umfassung (Kap. 1.9).

- Die Betreuungsperson reagiert *prompt* und vermittelt dadurch dem Kind das Gefühl von Wirkmächtigkeit.

- Die Betreuungsperson reagiert *angemessen*, d.h. die Reaktion ist situations- und altersentsprechend.

Bindungssicherheit hat langfristige positive Auswirkungen auf die soziale und emotionale Kompetenz des Kindes und ist ein wichtiger Resilienzfaktor.

Mit zwei Jahren zeigen sicher gebundene Kinder in Problemlösungsaufgaben, dass sie sich auf andere verlassen können und Hilfe in Anspruch nehmen können. Grossmann / Grossmann (2001) weisen darauf hin, dass die Fähigkeit Hilfe zu erbitten und diese anzunehmen ein Kennzeichen seelischer Gesundheit sei.

Vier- bis sechsjährige sicher gebundene Kinder zeigen ein ausgereiftes Sozialverhalten in Kindergarten und Schule, sind phantasievoller und freier im Spiel und haben eine höhere Konzentrationsfähigkeit als nicht sicher gebundene Kinder (Dornes 2001b, 205 f).

2.6.5 Bindungsrepräsentanzen in der mütterlichen Geschichte / Bedeutung der väterlichen Feinfühligkeit

Die Bindungsforschung beobachtet eine transgenerationale Übertragung von Bindungsstilen. Diese zeigen eine hohe Kontinuität von unsicherer bzw. sicherer Bindung. Die folgende Darstellung bezieht sich auf die Ergebnisse einer Untersuchung der Psychoanalytikerin Lotte Köhler (1998b). Köhler beschreibt ein Zusammenspiel von mütterlichen Bindungsrepräsentanzen und Bindungsverhalten des Kindes Die Bindungsrepräsentanz der Mutter[40] erschloss sich aus der Analyse von Narrativen. Die Kohärenz in der Erzählung, (negative Erfahrungen wurden entsprechend eingeschätzt und waren integriert, elterliches Verhalten wurde adäquat interpretiert, affektive Erfahrungen wirkten integriert) und die Struktur der Erzählung, (zusammenhängende Darstellung ohne Brüche, Interviewer kann gut folgen), waren dabei Kriterien zur Beurteilung der Bindungsrepräsentanz.

Bezugspersonen mit einer kohärenten integrierten Bindungsrepräsentanz zeigten ihrem Kind gegenüber ein vorhersagbares, angemessenes und einfühlsames Verhalten

[40] In Köhlers Untersuchung waren die primären Bezugspersonen, die quantitativ die meiste Zeit mit dem Kind verbrachten in der Regel die Mütter, was der Realität unserer westlichen modernen Gesellschaft entspricht, da in der Regel immer noch die Mütter den Löwenanteil an der Erziehung der Kinder tragen. Ich bevorzuge dennoch den Begriff der Bezugsperson um deutlich zumachen, dass diese Aufgabe nicht geschlechtspezifisch nur dem Weiblichen vorbehalten ist.

und hatten sicher gebundene Kinder. Ihre eigene Bindungsgeschichte enthielt eine breite Affektpalette. Den Bindungsstil der Bezugsperson bezeichnete Köhler als autonom.

Bezugspersonen mit fehlender Kohäsion in der Bindungsrepräsentanz, die sich in der Idealisierung der eigenen Eltern ohne Erinnerungen ausdrückte, zeigten dem Kind gegenüber ein vorhersagbares, aber unangemessenes Verhalten, lehnten jedoch Hilfestellung ab und ermutigten Freude. Diese Kinder wiesen einen unsicher- vermeidenden Bindungsstil auf. Die Bezugspersonen selbst hatten ein abweisendes, beziehungsabwertendes Bindungsverhalten.

Bezugspersonen, die eine fehlende Ordnung und Struktur in ihrem Narrativ aufwiesen, verhielten sich unvorhersagbar und unangemessen. Ihre Narrative waren überflutet von Erinnerungen und unverarbeiteten Negativerfahrungen. Sie hatten Kinder mit unsicher- ambivalentem Bindungsverhalten und waren in ihrem eigenen Bindungsstil verstrickt und beziehungsüberbewertend.

Schließlich beschreibt Köhler ein Bindungsverhalten, das desorganisierte oder desorientierte, das sich z.B. in gelegentlichen für das Kind unerklärlichen Absencen der Bezugsperson oder angsterfüllendem oder furchterregendem Verhalten der Bezugsperson zeigt. Dieses Bindungsrepräsentanz äußert sich als Einsprengsel von Verhaltensweisen und wird immer zusammen mit der Kategorie von Bindungsverhalten beschrieben, die das überwiegende Verhalten kennzeichnet (ebd.) Anzeichen dieser Bindungsrepräsentanz waren u.a. fehlende Trauerarbeit und Traumatisierung. Die Bindungsgeschichte dieser Bezugspersonen war geprägt von Verlusten vor dem 14. Lebensjahr oder schweren Verlusten nach der Geburt des Kindes bzw. traumatischen Erfahrungen. Diese Kinder zeigten neben dem zu Grunde liegenden Bindungsmusterein desorganisiertes Bindungsverhalten.

Ergänzend seien dieser Darstellung die Ergebnisse der Bielefelder Längsschnittstudie des Ehepaares Grossmann zur Erfassung der Bindungserfahrung in der Kindheit hinzugefügt (Grossmann/Grossmann 2001). Ihr Forschungsinteresse galt auch dem spezifischen Einfluss des Vaters, und zwar inwiefern er für das Bindungsverhalten des Kindes verantwortlich ist. Interessant war, dass der Feinfühligkeit und dem vorsichtigen Herausfordern des Vaters im Spiel, also in der Exploration, eine wesentliche Rolle zukommt. Ein feinfühliger Vater stellt sich auf die Fähigkeiten des Kindes und sein Spielinteresse ein. Wie oben erwähnt, ist für die Entwicklung eines sicheren Bindungsstils die Balance zwischen Bindung und Exploration entscheidend. Den

Vätern kommt hierbei eine andere Funktion in der Beschäftigung mit ihrem Kind zu, die sich in ihrer Ausführung von der der Mütter unterscheidet, aber ebenso relevant ist. Mutter und Vater legen beide die Grundlagen für psychische Sicherheit. Unterschiedliche „männliche" und „weibliche" Prinzipien ergänzen einander und ermöglichen die Entwicklung von sicherer Bindung und Exploration. Im Kindesalter ist dies z. B. an der kindlichen Konzentration im Spiel zu beobachten, bei Jugendlichen zeigte sich diese in der mentalen Repräsentation von Bindungssicherheit, bei jungen Erwachsenen schließlich in der sprachlichen Repräsentation von Partnerschaft (ebd. 56f.).

3. Schwangerschaft und Frühentwicklung – Die Anbahnung des ersten Dialogs

Nach der Betrachtung über Dialogisches in der frühen Begegnung zwischen primärer Bezugsperson und Kind geht die folgende Darstellung einen Schritt zurück und schaut auf die Anbahnung der frühen Mutter-Kind-Interaktion.

Gaertner / Gaertner (1992) sehen ihre Untersuchungen von vorgeburtlichen Prozessen unter soziologischen wie unter psychodynamischen Aspekten.

Sie schauen auf den Prozess des Übergangs zur Mutterschaft, fragen, wie die Mutter diesen Übergang bewältigt und was sie dazu braucht um diesen Prozess gut zu integrieren.

> „Schwangerschaft und Mutterschaft bilden zentrale Markierungspunkte im Ablaufmuster weiblicher Biographien: Als „point of no return" bringen sie vorangegangene Lebensphasen unwiderruflich zum Abschluss und setzen Ereignisketten in Gang, die den weiteren Lebensablauf in hohem Maße und über vergleichsweise lange Zeiträume hinweg determinieren" (ebd., 285).

Schwangerschaft und Mutterschaft bedeuten also tiefgreifende Veränderung und iniziieren eine neue Entwicklungsphase: Familiengründung mit neuen Verantwortlichkeiten, körperliche Veränderungen und die sich entwickelnde Hinwendung zum Ungeborenen (vgl. ebd.).

Die gesellschaftlichen Entwicklungen der Postmoderne, die durch verbesserte Ausbildungschancen und den Ausblick auf berufliche Karriere für Frauen sowie durch die medizinischen Errungenschaften in der Empfängnisverhütung neue biographische Lebensentwürfe ermöglichen[41], haben zur Folge, dass sich Frauen zu Beginn der Schwangerschaft einer Ambivalenz zwischen selbstbestimmtem Leben und der Aufgabe eine „gute" Mutter sein zu wollen stellen müssen. Wie die Untersuchungen von Gaertner/Gaertner zeigen, sind die lebensgeschichtlichen Voraussetzungen und das Vorhandensein von unterstützenden Systemen ausschlaggebend, wie diese Ambivalenz bewältigt wird.

Die westliche individualisierte Gesellschaft bietet kaum Räume, in denen der tiefgreifende Wandel vom Frausein zum Mutterwerden kulturell integriert wird. Die Frau

[41] vgl. dazu die ausführlichen Arbeiten von Ulrich Beck und Elisabeth Beck – Gernsheim (1990) „Das ganz normale Chaos der Liebe", sowie Bettina Dausien (1996): Biographie und Geschlecht. Zur biographischen Konstruktion sozialer Wirklichkeit in Frauengeschichten.

muss diesen Übergang oft allein ohne soziales Eingebundensein bewältigen. Gaertner / Gaertner zitieren Maya Nadig, die auf dieses Phänomen hinweist:

> „Es ist ein auffallendes Merkmal unserer Gesellschaft, daß für diese heftigen Veränderungs- und Krisenprozesse im Leben der Frau ...keine Übergangsrituale zur Verfügung stehen, die diese Ereignisse sozial markieren und kulturell in einem gesamtgesellschaftlichen Zusammenhang werten und integrieren. Dazu gehörte die Wahrnehmung und Benennung, das Feiern und Betrauern der Veränderung, womit den mit der Krise verbundenen Ambivalenzen und Aggressionen ein kultureller Kanal geschafft würde. So aber bleiben Aggressionen und Ambivalenz an der Frau haften und müssen verdrängt oder nach innen gerichtet werden. Für die Individuen sind keine überindividuellen Verhaltensorientierungen in Form von kulturellen Mustern und Feiern vorhanden (vgl. ebd. 286 Nadig zit. nach Gaertner / Gaertner 1992).

Bezeichnenderweise ist dagegen der technische –sprich medizinische – Versorgungsapparat hochspezialisiert.

In der Literatur wird der Übergang zur Mutterschaft als „Reifungskrise“ beschrieben (ebd.), wobei die Krisenhaftigkeit in dieser Phase der Schwangerschaft als gewissermaßen normal und als allgemeines Phänomen dargestellt wird (vgl. ebd.).

Neben der Bewältigung der beschriebenen Ambivalenz vollzieht die Mutter intrapsychisch eine Umstrukturierung. Die Mutter wird sich zunehmend mit dem heranwachsenden Kind identifizieren und ihm einen „inneren Raum“ gewähren, der die eigenen libidinösen Besetzungen der Mutter für eine Weile zu Gunsten des Kindes zurücktreten lässt (vgl. ebd., 287). Winnicott (2001) bezeichnet diesen Prozess als „besonderen Zustand“, in dem bei gesunden Müttern und Vätern ein Zustand erreicht wird,

> „in dem die Eltern auf das Kind ausgerichtet und so in der Lage sind, der Abhängigkeit des Säuglings gerecht zu werden. Es gibt auch eine Pathologie dieses Prozesses.“ (ebd.,72).

Für diesen Reorganisationsprozess bedarf es einer „hilfreichen Umgebung“ (Gaertner/Gaertner 1992, 287). Eine emotional stützende Partnerschaft, ein tragendes soziales System, das den regressiven Bedürfnissen nach „Bemutterung“ der Schwangeren zumindest zeitweise entgegenkommt, sind gute Voraussetzungen für das Gelingen dieser sensiblen Phase. Oft geschieht in der ersten Schwangerschaft eine neue Identifizierung und Hinwendung oder Auseinandersetzung mit der eigenen Mutter.

Spätestens mit den ersten Kindsbewegungen wird das Ungeborene real für die Schwangere und auch für den Vater, der durch Körperkontakt über die Bewegungen mit dem Ungeborenen in Beziehung treten kann. Aufzeichnungen über Gespräche aus

der teilnehmenden Begleitung[42] von erstgebärenden Schwangeren zeigen, dass schon zu einem frühen Stadium der Schwangerschaft dem Ungeborenen Eigenschaften zugesprochen werden. Das Kind wird mit Phantasien, Wünschen, Erwartungen besetzt. Gaertner / Gaertner (1992) bezeichnen diesen Moment als den Beginn des sich entwickelnden Dialogs zwischen Mutter und Kind (ebd.,287).
Ergebnisse der Untersuchungen von Gaertner / Gaertner, die den frühen Prozess der Beziehungsanbahnung zwischen Mutter und Kind während der Schwangerschaft und nach der Geburt bearbeiteten, zeigen, dass bei sehr unterschiedlichen Verläufen, was die Beziehungsanbahnung betrifft, in beiden Fällen eine unterstützende, hilfreiche Umgebung maßgeblich an einer gelungenen Anpassung des Lebens mit einem Neugeborenen beteiligt war (ebd. 912). So weit zu den soziologischen Aspekten von Mutterschaft.
Die Anbahnung des ersten Dialogs, so lautet die Überschrift dieses Kapitels. Wie beginnt der frühe Dialog, bzw. wie ist er strukturiert?
Im bereits oben erwähnten Projekt „Schwangerschaft und Frühentwicklung“ wurden erstgebärende Schwangere in Hinblick auf die Anbahnung der Mutter-Kind-Beziehung begleitet. Im Rahmen von wöchentlichen Treffen während der Schwangerschaft und über die Zeit der ersten Monate mit dem Neugeborenen hinweg wurden die bei der teilnehmenden Begleitung geführten Gespräche in Form von Gedächtnisprotokollen festgehalten. Diese wurden in Anlehnung an Methoden der qualitativen Sozialforschung hermeneutisch mittels eines Clusterverfahrens analysiert. Ziel der Analyse war die Herausarbeitung einer Strukturhypothese bezüglich des Muttertypus. Adrian Gaertner klassifiziert drei unterschiedliche Muttertypen: die gut gebundene, uneingeschränkt verfügbare Mutter (Winnicott (1990) prägte den Begriff der „hinreichend guten Mutter“), die ambivalente bzw. frühzeitig abgegrenzte und die nicht gebundene Mutter[43]. Die Ergebnisse der Analysen aus dem Projekt zeigen, dass sich schon während der Schwangerschaft ein bestimmtes Beziehungsverhältnis zum Kind ausprägt, was sich in der Einstellung zur Schwangerschaft (z.B. Art und Weise

[42] Graue Literatur aus dem Projekt „ Schwangerschaft und Frühentwicklung“ Prof. Dr. Adrian Gaertner. WS 2000 bis WS 2001. Fachhochschule Bielefeld, Fachbereich Sozialwesen. Abschlussbericht für das Projekt „Schwangerschaft und Frühentwicklung“ vorgelegt von Susanna Matt-Windel: „Die frühe Anbahnung der Mutter-Kind-Beziehung in der Schwangerschaft und der frühen Kindheit“.

[43] Seminarunterlagen aus dem Seminar „Die psycho-soziale Entwicklung des Kindes“ WS 2000, Prof. Dr. A. Gaertner, Fachhochschule Bielefeld, Fachbereich Sozialwesen).

der Bewältigung der Ambivalenz zwischen Berufstätigkeit und Mutterschaft, Umgang mit den körperlichen Veränderungen, Vorstellungen bzgl. der Mutterrolle, libidinöse Besetzung des Kindes) ausdrückt und eine beeindruckende Kontinuität bis ins erste Lebensjahr des Kindes aufweist.

Dazu eine Fallbeschreibung (vgl. Fn. 42): Eine frühzeitig abgegrenzt ambivalent strukturierte Mutter (die Ambivalenz bezog sich auf die oben beschriebene Schwierigkeit berufliche Vorstellungen mit der Mutterschaft zu vereinbaren) zeigte diese Struktur durchgängig: In den ersten Gesprächskontakten (30.-32. Schwangerschaftswoche (SSW)) beeindruckte die Idealisierung der Berufstätigkeit und der als Bruch erlebte Biographiewechsel durch die Schwangerschaft sowie die emotionslose Beschäftigung mit Themen, die die Schwangerschaft betreffen: ...worauf verzichtet er (der Ehemann) eigentlich?...Der Körper mit dem Kind bleibt mir fremd ... habe mich um Babybedarf gekümmert...das muss ja auch einmal sein. Im weiteren Verlauf (35. SSW) blieb die eher sachlich distanziert gehaltene Besetzung des Kindes konstant bis kurz vor der Entbindung ...in der Wohnung erinnert in der Tat nichts an ein kommendes Kind . Ferner wurde eine vorzeitige Abgrenzung vom Kind noch im Wochenbett ...in zwei Wochen endet das Wochenbett, dann kaufe ich mir neue Kleider und gehe zum Frisör beobachtet. Die für kurze Zeit, perinatal und in den ersten drei Wochen, positiv besetzte Mutterschaft trat wieder zurück, negatives Erleben der Mutterschaft trat wieder hervor ... leiste Verzicht.., habe alles aufgegeben (fünf Wochen nach der Geburt)...ich blute hier aus (sechs Monate nach der Geburt).

Gleichzeitig ereigneten sich während der Gespräche in der Schwangerschaft Situationen, in denen die Schwangere mit zärtlichen Gesten Kontakt zum Kind im Bauch aufnahm. In der Gegenübertragung wurde im Unterschied zur sonstigen, eher anstrengenden Gesprächsführung eine positive annehmende Haltung wahrgenommen.

Als Mutter wirkte sie im „Halten" (Winnicott 1990) des Kindes, wie Winnicott den intuitiven, sicheren Umgang mit dem Baby beschrieben hat, immer souverän, ruhig und gelassen, was im Kontrast zur vorher als unglücklich und unzufrieden erlebten Schwangeren und jungen Mutter stand.

Das Thema der Aufgabe der eigenen Lebensplanung zugunsten des Kindes, bei gleichzeitigem liebevollen und souveränen Umgang mit dem Kind, blieb konstant. Der gute Kontakt zu den eigenen Eltern, der bei Beginn der Schwangerschaft wieder aufgenommen wurde, und insbesondere die Beziehung zur eigenen Mutter, von deren Erfahrung als Mutter und Erzieherin die Schwangere und dann junge Mutter gerne

Hilfe annahm, bestätigt die These von Gaertner / Gaertner, die unterstützenden Systemen in der Anbahnung der frühen Beziehung zum Kind eine große Bedeutung zusprechen (s.o.). Die langfristige Entwicklung (bis zum 6. Monat) zeigte ein zufriedenes, sich gut entwickelndes Kind, das allerdings sehr früh eigene Mobilität entwikkelte und so der frühzeitigen Abgrenzung der Mutter entgegenkam, und eine permanent mit ihrer Situation unzufriedene Mutter.

Um mit Bubers Begrifflichkeit zu sprechen fehlt im Sinne eines echten Dialogs die wesenhafte Hingabe der ganzen Person, und was vielleicht noch wichtiger ist, die Bereitschaft sich wirklich mit dem Kind zu verbinden, also den Trieb nach Verbundenheit zu befriedigen (vgl. Kap. 1.9).

Die Problematik der eben beschriebenen Sichtweise, dass hier ausschließlich die Mutter in den Blickpunkt gerät und der Kontext von Familie und Gesellschaft außer Acht gelassen wird, soll im folgenden Exkurs zur feministischen Kritik an Weiblichkeitsentwürfen angedeutet werden.

4. Feministische Kritik

Obwohl die neuere Säuglingsforschung einiges dazu beitragen kann, die Exklusivität einer dyadischen Mutter-Kind-Beziehung in Frage zu stellen (vgl. Kap. 2.5.2 und 5) wird immer noch in manchen Theorien, wenn vielleicht auch unbewusst, eine Idealisierung der ausschließlichen Mutter-Kind-Beziehung transportiert, auf die an dieser Stelle explizit aufmerksam gemacht werden soll.

Die Psychoanalytikerin Christa Rohde-Dachser vollzieht u.a. in ihrem Buch „Expedition in den dunklen Kontinent“ (Rohde-Dachser 1997) die Dekonstruktion des psychoanalytischen Diskurses in Hinblick auf die Weiblichkeitskonstruktion innerhalb der Psychoanalyse, die, so ihre Aussage, auf den unbewussten männlichen Phantasien einer idealisierten Mutter aufbaut.

> „Wir trafen dabei auf ‚das Weibliche' als Projektionsfeld des Mannes in den literarischen und bildnerischen Entwürfen der patriarchalischen Kultur ebenso wie im Diskurs der Psychoanalyse. Wir haben versucht, die unbewussten Phantasien auszuloten, die diese Weiblichkeitskonstruktionen am Leben erhalten. Dabei identifizierten wir in der Idee des Weiblichen als ‚Container' die zentrale Abwehrkonstruktion des Patriarchats“ (ebd. 279).

Insofern müssen auch Winnicotts Entwurf zur Mutterschaft und alle damit verbundenen Themen kritisch betrachtet werden, z.B. die Ausschließlichkeit der Mutter-Kind-Beziehung in den ersten Monaten oder aber die Zuschreibung, Verantwortung für die Beziehungsgestaltung zwischen Vater und Kind läge bei der Mutter (ebd. 267).

Auch die VertreterInnen der Objektbeziehungstheorie[44] fokussieren auf die Exklusivität der dyadischen Mutter-Kind-Beziehung, und machen diese zum Ort

> „[der Perspektive] mit der das kleine Kind die Mutter wahrnimmt und erlebt. Entwicklungspsychologische Ansätze in der Psychoanalyse ... beschreiben vorwiegend eine dyadische Mutter-Kind-Beziehung, herausgelöst aus größeren sozialen Zusammenhängen wie Familie und Gesellschaft. Damit ist aber gleichzeitig der Ort definiert, wo ‚die Dinge passieren' und wo somit ‚die Ursache , lokalisiert ist, für die normale ebenso wie für die pathologische Entwicklung“ (ebd. 264).

Lerner (ebd.) hat aus diesen Beobachtungen den Begriff des „mother-blaming“ geprägt. All dieses führt zu einer Kategorisierung der Mütter, die jede Mutter und jedes Muttersein einschließt mit allen Schuldzuweisungen und Belastungen für pathologische Entwicklungen in der Kindheit.

---

[44] z.B. Margret Mahler *Die psychische Geburt des Menschen* (1975).

Als Revision dieser problematischen Ansätze ist Sterns korrigierende Entwicklungspsychologie (vgl. Kap.2.5) bzw. sein Entwurf der Mutterschaftskonstellation (Stern 1998) zu lesen. Stern spricht von Handlungsvollzügen, Schemata des Zusammen-Seins mit der Mutter (ebd.), die eine Qualität und Intensität beschreiben aber keine polare Zuordnung.

5. Fraibergs „Ghosts in the nursery" - Eindringlinge, die den Dialog stören

„In jeder Kinderstube gibt es Gespenster", beginnt die amerikanische Psychoanalytikerin Selma Fraiberg[45](1980, 164), den Aufsatz „Ghosts in the nursery. A Psychoanalytic Approach to the Problems of Impaired Infant-mother Relationships"[46]. Diese Gespenster treten aus der Vergessenheit elterlicher Vergangenheit. Manche Gespenster werden erfolgreich durch das Band beschützender elterlicher Liebe verbannt, tauchen unter Umständen in schwierigen Situationen wieder auf und treiben ihr Unwesen. Solange es sich um einen kurzen Überfall handelt, ist die Bindung zwischen Eltern und Kind nicht beeinträchtigt und Eltern kommen gut alleine zurecht.

Manchmal erscheinen die Gespenster in besonderen Bereichen (Ernährung, Schlafgewohnheiten, Reinlichkeitserziehung) je nach der eigenen verletzlichen Geschichte der Eltern. Solche Eltern suchen in der Regel professionelle Hilfe und sind in der Lage mit ihren elterlichen Kompetenzen und mit der professionellen Kraft zusammenzuarbeiten und die flüchtigen Invasoren zu vertreiben.

Fraiberg beschreibt aber noch eine dritte Gruppe von sehr hartnäckigen und raffinierten Gespenstern, die vom Familienleben Besitz ergriffen haben (ebd.,164f).

> „Die Eindringlinge aus der Vergangenheit haben Wohnung bezogen im Kinderzimmer, Traditionen und Besitzrechte einfordernd" (ebd., 165).

Diese spuken seit mehreren Generationen in den Familien, nehmen Raum ein und schreiben ein „zerlumptes" (ebd.) Manuskript der Familientragödie, in der das Baby die Rolle eines „stillen Akteurs" einnimmt.

Soweit die bildreiche Einführung Fraibergs.

Eltern aus dieser dritten Gruppe werden kaum Beratungsstellen aufsuchen. Für Deutschland gesprochen sind es Familien, die den Jugendämtern oft über Generationen bekannt sind, die beispielsweise durch die Sozialpädagogische Familienhilfe oder anderen Formen von Familienhilfe betreut werden, um das Schlimmste abzuwenden.

---

[45] Selma Fraiberg war Leiterin des „Infant-Parent Program" in Michigan, das sie 1972 ins Leben gerufen hat.

[46]Zitiert wird aus zwei Aufsätzen: „Gespenster im Kinderzimmer. Eine psychoanalytische Annäherung an die Probleme von beeinträchtigten Kind-Mutter-Beziehungen" S. 164-196 und „Behandlungsmodalitäten" S. 49-77. (Alle Übersetzungen- MW). In: Fraiberg, Selma (Hrsg) (1980):Clinical studies of infant mental health.

In diesen Familien werden eher die professionellen „HelferInnen" und nicht die eigentlichen Familiengespenster als Eindringlinge identifiziert, bisweilen werden sie gar nicht eingelassen oder sind zumindest sehr ungebeten.
Fraiberg und MitarbeiterInnen interessierten sich für die Komplexität und Paradoxie in dieser „ghoststory" (ebd.) Ihre Leitfrage war, was genau bestimmend dafür ist, ob eine schwierige Kindheit der Eltern sich mit dem Kind wiederholen wird oder nicht (ebd., 194). Denn unter den vielen Familien, die sie wegen Erziehungsfragen konsultierten, waren auch etliche mit schwerer Vergangenheit, ohne dass diese die Erziehung des eigenen Kindes massiv beeinflusst hätte. Eine schwere Vergangenheit allein macht noch keine Beziehungsstörungen (ebd., 166).
Fraiberg fand die Faktoren, die verantwortlich dafür waren, dass diese Gespenster dermaßen Besitz ergreifen konnten. Familien, die wegen extremer Vernachlässigung ihrer Kinder Begleitung erhielten, zeigten alle ein übereinstimmendes Muster: Es waren Eltern, die auf dem Hintergrund traumatischer Kindheitserfahrungen, Missbrauch, Misshandlung oder Vernachlässigung eine „Identifikation mit dem Aggressor" (ebd., 194) eingegangen waren. Der Aggressor steht hier für alle das Ich gefährdenden und angreifenden, durch Menschen ausgeführten, Handlungen. Bedeutsam ist dabei vor allem, dass das affektive Erleben in den früheren Erfahrungen von Missbrauch, Tyrannei und Vernachlässigung nicht mehr erinnert wurde, da die entsprechenden Gefühle wie Angst, Scham, Schuld, Hass oder Trauer überwältigend gewesen wären. Das zeigte sich z.B. in der fehlenden Kohärenz oder zusammenhanglosen Erzählungen (vgl. ebd., 195). So musste zum Beispiel eine Mutter erst wieder Zugang zu ihren eigenen Gefühlen von Verlassenheit in der Kindheit bekommen, ehe sie verstand, warum ihr Baby schrie, wenn sie sich nicht um es kümmerte. Dass dies in den schweren Fällen großer Deprivation ein langwieriges Unterfangen ist und psychotherapeutisches Vorgehen verlangt, versteht sich von selbst.
Fraiberg entwickelte aus ihren Erfahrungen eine Vorgehensweise, die sie zur Pionierin der Eltern-Säuglings-Psychotherapie machte. Sie verband in genialer Weise psychotherapeutische Intervention, die einen entwicklungspsychologischen Beratungsansatz, der als „nondidactic education" physische und emotionale Bedürfnisse des Säuglings vermitteln wollte (ebd., 55), beinhaltet, mit sozialarbeiterischen Hilfestellungen. In einem multiprofessionellen Team von PsychotherapeutInnen, SozialarbeiterInnen, Kinderkrankenschwestern, KinderärztInnen und ÄrztInnen der Psychiatrie wurden die Familien begleitet. Da in Bezug auf das Vorgehen das ganze Team Fort-

bildung erhielt, konnte jedes Teammitglied gleichberechtigt arbeiten, wobei eine gute Supervision Voraussetzung war.

Fraiberg schließt aus der Behandlung schwieriger Familien:

> „In jedem Fall, wenn es unserer Therapie gelang, dass das Elternteil seine Ängste und Leiden aus der Kindheit wieder erinnern und wieder erleben konnte, verschwanden die Gespenster und die geplagten Eltern wurden zu Beschützern ihrer Kinder gegen die Wiederholung ihrer eigenen konfliktreichen Vergangenheit" (ebd., 196.).

Ohne dem ganzen Ausmaß problematischer Repräsentanzen, die aufgrund von negativen Erfahrungen der Eltern fälschlicherweise auf den Säugling übertragen werden und die einer fundierten psychotherapeutischen Behandlung bedürfen, nachzugehen ist es offensichtlich, dass diese Faktoren eine wesentliche Rolle in der Aufnahme des Dialogs zwischen Eltern und Kind spielen.

Neben allem spezifisch psychoanalytischen Handwerkszeug ist es die dialogische Grundhaltung, die im Vorgehen Fraibergs Beachtung finden sollte: Letztlich ist die Voraussetzung für gelingendes Arbeiten mit den Eltern ein Vertrauensverhältnis zwischen TherapeutIn und Familie. Dazu gehört die Behandlung im familiären Umfeld, das der Familie mehr Sicherheit gibt, weil sie im vertrauten Kontext bleibt und Hausrecht hat. Gleichzeitig hat es den therapeutischen Effekt, dass ein emotional dichteres Klima entsteht. Von großer Bedeutung ist, dass das Baby immer als Dialogpartner mit im Raum ist und alltägliche Interaktion beobachtet werden kann. Ferner verstehen sich Fraiberg und MitarbeiterInnen als Gäste, freilich als professionelle, aber nicht als Experten, die sich von außen aufdrängen wollen. Das Vertauensverhältnis ist konstitutiver Bestandteil der Begleitung. Von einer psychoanalytisch geforderten Abstinenz und Neutralität nimmt sie Abstand:

> „Die neutrale Maske des Psychotherapeuten würde von ihnen (den Eltern MW) als ‚Indifferenz,' ‚Kälte,' und ‚Feindseligkeit; gelesen werden. Was sie brauchen und wollen, ist ein Gesicht und eine Stimme, die für Fürsorge, Mitgefühl, Hingabe, und professionelle Weisheit sprechen" (ebd., 58.).

Diese Grundhaltung zeigt Bezüge zu den Konzepten der Arbeit mit frühgestörten psychisch Kranken, wie z.B das Prinzip „Antwort" in der psychoanalytisch interaktionellen Psychotherapie nach Heigl-Evers / Ott (1998, 55ff). Ebenso liegt eine Verbindung zu Bubers dialogphilosophischen Merkmalen von Gegenwärtigkeit, einseitiger Umfassung, Realphantasie und Hinwendung nahe. Die Arbeit Fraibergs und ihrer MitarbeiterInnen ist getragen von der Überzeugung, dass fast alle Eltern es besser für ihre Kinder wollen, dass die Eltern die wichtigsten Menschen für das Kind sind und eigentlich „wissen", was ihr Kind braucht. Sie ist darauf angelegt das verschüttete Wissen wieder auszugraben.

6. Die interaktionelle Eltern-Kleinkind-Beratung

6.1 Grundlagen

Das „Münchner Modell der interaktionszentrierten Eltern-Säuglings-Beratung und Psychotherapie“ ist aus den Erfahrungen eigener Forschungsarbeiten des Ehepaares Papousek sowie aus der Arbeit in der Münchner Sprechstunde für Schreibabys entstanden und auf die spezifischen Bedürfnisse und Störungsbilder der frühen Kindheit hin entwickelt worden (Papousek 1998) und wendet sich an Familien mit Kindern von 0-3 Jahren.

Der Hauptgegenstand der Forschung war neben der Frühentwicklung der integrativen Fähigkeiten des Säuglings die „intuitive elterliche Früherziehung im Kontext der vorsprachlichen Kommunikation“ (ebd., 90). Ergebnisse der Bindungsforschung und der weiteren vielfältigen Säuglingsforschung (vgl. Kap. 2.1) machen deutlich, dass neben den Bedürfnissen des Säuglings nach Versorgung und Schutz, Bedürfnisse nach Bindung und Exploration, Interaktion und Kommunikation ganz basal für die gesunde Entwicklung des kleinen Kindes sind. Die in ihm dafür angelegten Fähigkeiten sind bereits in den vorhergehenden Kapiteln exemplarisch beschrieben worden. Zu diesen Fähigkeiten des Säuglings zur Befriedigung seiner beziehungsmäßigen Bedürfnisse, die Papousek „selbstregulatorische Fähigkeiten“ (ebd., 91) des Säuglings nennt, gehören komplementär die „elterlichen intuitiven Kompetenzen“ (ebd.), sich nämlich angemessen in der präverbalen Phase ihren Säuglingen zuzuwenden.

Forschungen von Mechthild und Hans Papousek zeigten, dass diese elterlichen Verhaltensbereitschaften universal angelegt sind. Es sind also allgemeine (auch transkulturell) veranlagte Fähigkeiten gemeint, intuitiv, also außerhalb von bewusster Kontrolle, im Umgang mit einem Säugling vorsprachlichen Kontakt aufzunehmen, auf ihn angemessen zu reagieren und mit ihm zu kommunizieren[47].

[47] Vgl. dazu die Ausführungen zur Babysprache oder zu den von Stern beschriebenen „vom Kind ausgelösten Verhaltensweisen“ in Kap. 2.4)

6.2 Ein systemisch orientiertes entwicklungsdynamisches Modell zur Beratung bei Regulationsstörungen im Säuglingsalter

Das Zusammenspiel elterlicher Kompetenzen und kindlicher selbstregulatorischer Fähigkeiten deutet bereits auf komplexere Zusammenhänge beim Auftauchen von Schwierigkeiten im System Familie hin. Papousek / Papousek, die sich für die spezifischen Ursachen von exzessivem Schreien bei Säuglingen interessierten, erkannten eine Vielzahl von Faktoren auf Seiten des Kindes wie der Eltern, die ein „systemisch entwicklungsdynamisches Modell“ zur Beratung und Behandlung bei frühen Regulationsstörungen entstehen ließen:

> „Die alltägliche Arena, in der organische und psychosoziale Risikofaktoren und Schutzfaktoren, transgenerationale Transmission und elterliche Repräsentanzen wirksam und im Wechselspiel „ausgetragen“ werden, findet sich in den Eltern-Kind-Interaktionen des Alltags beim Beruhigen, Füttern, Schlafenlegen, Zwiegespräch und Spiel“ (ebd.,93).

Störungen auf der Seite des Säuglings (Unreife, schwieriges Temperament oder andere organische Risikofaktoren) erfordern erhöhte elterliche intuitive Kompetenzen, diese sind im Zusammenleben mit einem exzessiv schreienden Säugling oft schnell erschöpft. Oder aber es kommen latente Beziehungsstörungen in der Partnerschaft oder ungelöste Konflikte aus der Herkunftsfamilie von Seiten der Eltern hinzu (vgl. ebd.,92), ganz abgesehen von anderen vielfältigen psychosozialen Belastungen.
Dieser systemische Blick auf die Familiendynamik, der zunächst auf Störungen wie exzessives Schreien angewandt wurde, führte zur Einrichtung einer mit einem interdisziplinären Team ausgestatteten Spezialsprechstunde für Familien mit Schreibabys des Kinderzentrums München (vgl. ebd., 94).

6.3 Regulationsstörungen in der frühen Kindheit

Bald musste aufgrund des hohen Bedarfs das Beratungsangebot auf andere Störungen ausgedehnt werden. Diese wurden unter der Diagnose „Regulationsstörungen der frühen Kindheit“ zusammengefasst (ebd. 98). Darunter sind Anpassungsstörungen folgender Ausprägung gemeint:

> „exzessives Schreien, Schlaf-,Fütter-,Gedeihstörungen, motorische Unruhe, Klammrigkeit, Trennungsängste, Trotzanfälle, Kopfschlagen, Affektkrämpfe, aggressives Verhalten, Geschwisterrivalität... frühe Kommunikations- und Beziehungsstörungen bei postpartalen oder chronischen psychischen Erkrankungen der Mutter ...akute

psychosoziale Krisenintervention bei drohender Mißhandlung oder Vernachlässigung" (ebd., 97).

All diesen Störungsbildern ist gemeinsam, dass sie zum ganz normalen Verhaltensrepertoire von Säuglingen je nach Entwicklungsstand gehören. Je nach individueller Konstitution, familiärer Beziehungsdynamik, elterlicher Kindheitserfahrungen etc. können sich Verhaltensweisen zu manifesten Störungen ausweiten (vgl. ebd., 98).

6.4. Die sieben I.s der interaktionszentrierten Säuglings-Eltern-Beratung und -Psychotherapie

Das Münchner Beratungsmodell lässt sich mit den „sieben I.s" fogendermaßen charakterisieren:

Es versteht sich interdisziplinär, integrativ, individuell abgestimmt, intermittierend, interaktionszentriert, „infant-oriented" und auf die intuitiven elterlichen Kompetenzen ausgerichtet (vgl. ebd., 106).

Intermittierend ist es insofern, als es als sequentielles Beratungsangebot entsprechend den intermittierend auftretenden entwicklungspsychologischen Phasen und den damit verbundenen Lebensthemen gedacht ist (ebd., 99).

Interdisziplinäre Zusammenarbeit realisiert sich durch den Einsatz verschiedener Techniken und therapeutischer Verfahren

> „aus der Entwicklungsberatung, Physiotherapie, sensomotorischen Integration, Verhaltenstherapie, Gesprächspsychotherapie, systemische(n) Paar-und Familientherapie, [aus] körperbezogenen Therapien und psychodynamisch orientierten Psychotherapien" (ebd., 108),

je nach Diagnostik, Bedürfnissen und Ansprechbarkeit der individuellen Familien.

6.5 Bedarf

Eltern sind heute vielfältigen Anforderungen ausgesetzt, den Übergang zur Elternschaft müssen sie oft allein ohne Vorbereitung und unter Schwierigkeiten bewerkstelligen.

Emotionale Überforderung (besonders gute Eltern sein wollen), gesellschaftlicher Druck (eine glückliche Familie sein müssen), aber auch soziale Probleme wie Arbeitslosigkeit, beengte Wohnungsverhältnisse, Beziehungsproblematiken, ein unruhiger Zeitgeist, der nicht dem kindlichen Zeitmaß entspricht, oder persönliche schwierige oder traumatische Kindheitserfahrungen der Eltern erschweren diesen Übergang.

Bewährte Konzepte der interaktionellen Eltern-Kleinkind-Beratung, die bei Regulationsstörungen des Säuglings und/oder fehlender intuitiver elterlicher Kompetenzen ansetzen, sind inzwischen entwickelt worden.

6.6 Die Beratung

6.6.1 Entwicklungspsychologische Beratung

Vielen Eltern ist bereits geholfen, wenn sie erfahren, welches Thema altersspezifisch in der Entwicklung des Kindes ansteht. Entwicklungspsychologische Beratung informiert die Eltern beispielsweise über den altersspezifischen Schlaf-Wach-Rhythmus eines Kindes, oder dass es z.B. ganz normal ist, wenn ein 1 ½ jähriges Kind im Rahmen der Autonomieentwicklung Wutanfälle bekommt etc. Auch hier geht es darum, dass Eltern Signale (Ermüdung, Sättigung, Überreizung) ihrer Kinder richtig deuten lernen.

6.6.2 Sofortige Entlastungshilfe

Eltern mit Säuglingen, die exzessiv schreien oder Schlafstörungen aufweisen, bewegen sich oft am Rande der Erschöpfung. Als Sofortmaßnahme sind deshalb die persönlichen bestehenden unterstützenden Systeme zu eruieren um Entlastung zu ermöglichen bzw. den Eltern, meist den Müttern, eine Auszeit quasi zu verordnen. Oft sind es bescheidene Anliegen (einmal durchschlafen, einmal einen Nachmittag alleine einkaufen gehen oder mit dem Partner ausgehen können), die sich durchaus realisieren lassen, wenn die Mütter sich bei organisierter Versorgung des Kindes diese Auszeit erlauben und sich von dem Druck entlasten, immer für ihr Kind da sein zu müssen (ebd.,103 f.). Manchmal bietet schon die Aussicht auf einen Beratungstermin und ein Gespräch, das Verständnis vermittelt, ohne mit dem oft üblichen „motherblaming“ Schuldzuweisung oder elterliches Versagen zu unterstellen, Entlastung. Deshalb sollte bei der ersten Kontaktaufnahme ein zeitnaher Ersttermin vergeben werden.

6.6.3 Kommunikationstherapie (KT) - Die Wiederaufnahme des Dialogs

Die Kommunikationstherapie wurde in der Münchner Sprechstunde für Schreibabys im Rahmen der Säuglingsforschung entwickelt (ebd.,108ff.):
Sie baut darauf auf, dass der Säugling individuell verschieden ausgereifte selbstregulatorische Fähigkeiten mitbringt bzw. entwickelt, anhand derer er z.B. Wachen und

Schlafen, Aufnehmen und Abspannen in eigener Kompetenz regelt bzw. regeln lernt. Außerdem bringt er soziale Kompetenz mit, die Interaktion gestaltet und hervorruft (vgl. Kap.2).

Auf Seiten der Eltern gibt es, wie oben beschrieben, universale intuitive Kompetenzen. Damit sind allgemein veranlagte Fähigkeiten gemeint, im Umgang mit einem Säugling vorsprachlichen Kontakt aufzunehmen, auf ihn zu reagieren, mit ihm zu kommunizieren.

Kompetenzen auf beiden Seiten können gestört, verdeckt, dysreguliert sein.

Die KT versucht ein Klima entspannter Interaktion zu schaffen, während der die Kommunikation zwischen Eltern und Kind wieder gelingt, und baut auf die Effekte positiver Gegenseitigkeit auf.

Verstärkend wird auf gelungene positive Interaktion hingewiesen, auch wenn es sich nur um kurze Momente angemessener Responsivität handelt. Die Eltern werden für die feinen Signale des Kindes sensibilisiert, z.B. auf erste Müdigkeitssignale zu achten, um dann das Baby nicht weiter zu stimulieren, sondern es zu beruhigen und schlafen zu legen.

Kommt positive Interaktion schwer in Gang, kann unterstützend angeregt werden das Verhalten des Babys nachzuahmen (Laute, Mimik, Gestik) und so eine feinfühlige Kontaktaufnahme zu ermöglichen.

Bei älteren Säuglingen, wo sich dysfunktionale Interaktionsmuster oft auf rigide Weise ritualisiert haben (Schlafstörung, Fütterstörung) kann eine verhaltenstherapeutisch angelegte Vorgehensweise angezeigt sein (altersentsprechend überschaubare Bedingungen schaffen, eindeutiges Verhalten der Eltern, Grenzsetzung, Vermeidung von Druck und Zwang).

Die elterliche Aufmerksamkeit und Responsivität ist bei schwierigen Säuglingen oft ausschließlich auf das problematische Verhalten ausgerichtet; dabei werden häufig die kindlichen Bedürfnisse nach Selbstwirksamkeit und Autonomie vernachlässigt. So schaukelt sich schnell eine negative Gegenseitigkeit auf.

In der KT geht es darum, den Fokus wieder auf eine entspannte positive Interaktion zu lenken. Dabei muss die emotionale Befindlichkeit der Eltern ebenso bedacht wer-

den wie unzureichendes Wissen über entwicklungspsychologische Themen oder problematische Repräsentationen[48], die das elterliche Verhalten steuern.
Es geht in der funktionalen Kommunikationstherapie um eine einfühlsame Begleitung des Säuglings in seinen selbstregulatorischen Fähigkeiten, seinem Bedürfnis nach Sicherheit, Selbstwirksamkeit und Autonomie. Für die Eltern wird die Erfahrung positiver Rückkoppelung angestrebt, die Erfahrung der Selbstwirksamkeit und des wachsenden Selbstvertrauens in elterliche Kompetenzen. Dabei müssen auch psychodynamische Aspekte beachtet werden (elterliche Versagensgefühle, Leistungsdruck, Grenzsetzungskonflikte, Angst um Gedeihen usw.)
Auf direktive Anweisungen im Umgang mit dem Säugling wird verzichtet, vielmehr geht es darum, die individuell vorhandenen positiven Interaktionspotentiale zu verstärken oder bewusst zu machen.

6.6.4 Videofeedback

Das Videofeedback spielt als Methode zur Spiegelung positiver Interaktion eine wichtige Rolle, denn es stärkt das Selbstvertrauen elterlicher Kompetenzen und schult die Eltern für die Wahrnehmung kindlicher Signale.
Ebenso sind videogestützte Analysen von Interaktionseinheiten für diagnostische Zwecke aufschlussreich.
Da die Spiegelung von Interaktionen wiederum ein sehr drastisches Mittel ist um Kommunikationsmuster offen zu legen, muss dieses sehr vorsichtig eingesetzt werden. Eltern sind in ihrem Selbstwertgefühl oft ohnehin verunsichert und insofern sehr vulnerabel bzgl. der Konfrontation mit dem eigenen Verhalten, besonders bei Misserfolgen in der Kontaktaufnahme mit ihrem Kind.
Mit entsprechender Erfahrung eingesetzt, das Einverständnis der Eltern vorausgesetzt und auf der Grundlage einer tragfähigen therapeutischen Beziehung ist das Videofeedback ein hochwirksames Instrument in der Eltern-Kleinkind Beratung (ebd.,112 f.).

6.7 Rahmenbedingungen

Der systemische Ansatz des Münchner Modells verankert in der Grundkonzeption die Einbeziehung des Vaters von Beginn der Beratung an. So wird das Problem von An-

---

[48] Vgl. hierzu Selma Fraiberg „Gespenster im Kinderzimmer“ Kap.5 und Sterns Ausführungen zu

fang zum Thema der ganzen Familie gemacht (ebd., 104 f.). Auch der Tatsache, dass in 30-54 an Prozent der elterlichen Paarbeziehungen chronische Paarkonflikte schwelen, die durch die Belastungen aktualisiert werden, wird dadurch Rechnung getragen. Manche Paare konnten durch den Kontakt zur Eltern-Kleinkind-Beratung zu einer Paartherapie motiviert werden (ebd.).

Die Beratung ist beendet, wenn Eltern genügend Selbstvertrauen in ihre Früherziehungskompetenzen (zurück)gewonnen haben und die Probleme des Kindes gelöst sind.

Datenspezifische Evaluationen der Münchner Sprechstunde ergaben, dass bei über der Hälfte der Fälle 2-3 Termine ausreichten und bei einem Drittel aller Fälle erneute Besuche im späteren Alter stattfanden.

Die Eltern-Kleinkind-Beratung ist als sequentielles Beratungsangebot entsprechend den entwicklungspsychologischen Phasen und damit verbundenen spezifischen Lebensthemen gedacht. Ein erneuter Beratungsbedarf kann zu einem anderen Zeitpunkt der Entwicklung des Kindes entstehen. D.h. die Eltern sind darin zu unterstützen bei neu auftretenden Schwierigkeiten in einer späteren Entwicklungsphase wiederzukommen und das Angebot zu nutzen.

Nach Stern ist ein wiederholtes Aufsuchen von Beratung kein therapeutisches Versagen, sondern

> „ erweist sich somit in Wahrheit als Verfahren, das einem durch rapide Entwicklungsprozesse charakterisierten Kontext optimal gerecht wird“ (Stern 1998, 194).

6.8 Die interaktionelle Eltern-Kleinkind-Beratung in der Sozialpädagogischen Familienhilfe (SPFH)

Die Einbindung der interaktionellen Eltern-Kleinkind-Beratung in die Arbeit der Sozialpädagogischen Familienhilfe, die sich als aufsuchende Beratung und Begleitung von Familien in schwierigen psychosozialen Lebensbezügen versteht, hat modellhaften Charakter. Üblicherweise wird Beratung in einschlägigen Beratungsstellen angeboten. Hier soll ein neuer (alter) Kontext geschaffen werden im Sinne der Psychoanalytikerin Selma Fraiberg, der Pionierin der interaktionellen Eltern-Kleinkind-Beratung (vgl. Kap.5). Wie oben beschrieben begleitete sie mit ihrem Team Familien, indem sie sozialarbeiterisch Hilfe angeboten und dabei auch die individuell unter-

---

elterlichen Repräsentationen in „Die Mutterschaftskonstellation“ (1998).

schiedlichen Beziehungsproblematiken in den Familien mit Säuglingen und Kleinkindern in ihre Arbeit mit einbezogen hat.

Durch Einsatz der interaktionellen Eltern-Kleinkind-Beratung in der SPFH werden Familien mit Schwierigkeiten in der Anpassung an das Leben mit einem Säugling aufgefangen, die sonst durch das Netz der üblichen Beratungseinrichtungen fallen. Nicht nur, weil der Weg dorthin zu hochschwellig ist, sondern auch weil in manchen Familien Tendenzen zur Vernachlässigung ihrer elterlichen Aufgaben, aus welchen Gründen auch immer, festzustellen sind.

Zu den ohnehin oft erschwerten Lebensumständen von Familien, die aufgrund von Arbeitslosigkeit, Alkoholproblemen und/oder psychischen Erkrankungen Unterstützung brauchen, kommt bei Eltern mit dysregulierten Säuglingen die Überforderung hinzu, die z.B. ein exzessives Schreikind ausmacht. Überforderte, sich hilflos und ohnmächtig fühlende Eltern sind emotional angespannt und in ihren Affekten möglicherweise nicht ausreichend kontrolliert. Eltern mit schwierigen Säuglingen brauchen unterstützende Begleitung und Hilfestellung.

Hier ist ein wesentlicher Beitrag zur Vermeidung bzw. Prävention von Kindesvernachlässigung und -misshandlung zu sehen[49].

---

[49] Ausführlich beschreibt Selma Fraiberg (1980) diese Problematik und ihr dazu gehöriges Projekt in „Clinical studies in infant mental health“.

Zusammenführung

7. Diskussion

7.1 Einleitung

In vielen Punkten wurde im laufenden Text auf die Verbindung zwischen Dialogphilosophie einerseits und Säuglingsforschung sowie der frühen Eltern-Kind-Beziehung hingewiesen. Diese Zusammenhänge werden nun ausführlicher untersucht.
Dabei kann man schon vorwegnehmen, dass philosophische und entwicklungspsychologische Erkenntnis sich ergänzen, denn die psychologischen Untersuchungen sind wie empirische Ausführungen philosophischer Betrachtung lesbar, in der Regel allerdings ohne aufeinander Bezug zu nehmen.
Dornes (2001a) verweist auf die Verbindung von Philosophie und Säuglingsforschung, wobei er die Frage stellt, ob alte philosophische Fragen, wie die Stellung des Menschen in der Welt oder das Verhältnis zwischen Subjekt und Objekt, durch neue Methoden in der Säuglingsforschung abgelöst würden (ebd.,11). Meines Erachtens ist das zu kurz gegriffen und wird den bestehenden philosophischen Konstrukten nicht gerecht. Die neuen Erkenntnisse der Säuglingsforschung ergänzen und bereichern Bubers Dialogik mit ihren empirischen und theoretischen Konstrukten. Sie belegen philosophische Grundgedanken etwa zur Anthropologie empirisch aus dem entwicklungspsychologischen Blickwinkel und bereichern die Dialogphilosophie um den Blick auf die frühe Kindheit.
Die Diskussion soll das Dialogische in der Eltern-Kind-Beziehung übersetzt auf entwicklungstheoretische Modelle sichtbar machen und die dialogische Haltung als Basis für die Eltern-Kleinkind-Beratung begründen. Zudem werden Thesen zur Bedeutung der Persönlichkeitsentwicklung in der Sozialen Arbeit dialogphilosophisch begründet.

7.2 Dialogphilosophie, neuere Säuglingsforschung und die Eltern-Kind-Beziehung

7.2.1 Affektspiegeln, Feinfühligkeit, Realphantasie

Die Gabe der Realphantasie, die Buber als Voraussetzung für gelingenden Dialog anführt (vgl. Kap. 1.4), findet in der Beschreibung des Affektspiegelns (vgl. Kap. 2.3) eine präzise psychologische Ausarbeitung. Im aufmerksamen Gewahrwerden der feinfühligen Mutter spiegelt sich der Affekt des Kindes als etwas Wesensmäßiges, das, was eben jetzt gerade an Emotion, Bedürftigkeit von Seiten des Kindes da ist, und was eine Antwort verlangt. Die Realphantasie kann als Beschreibung des Vorganges dienen, der es, wie in der Bindungsforschung als feinfühliges Verhalten beschrieben, möglich macht, das Verhalten des Kindes richtig zu interpretieren, prompt und angemessen zu reagieren. Winnicott sagt mit Blick auf die Mutter-Kind- Beziehung, das Kind sehe in den Augen der Mutter, was es in sich selbst erblicke (Winnicott, 1997, 129). Damit ist einmal der Prozess des Spiegelns und des Affektspiegelns beschrieben (vgl. Kap.2.2), aber auch die Realphantasie, mit Hilfe derer der Mensch in der Lage ist, den Anderen so in seiner Vorstellung wahrzunehmen, dass er dessen Gefühle, Empfindungen, Gedanken gewahr wird. Buber nennt es die Wirklichkeit der anderen Person, deren Wahrnehmung wesensmäßig für das Entstehen einer Ich-Du-Beziehung Bedingung ist.

Und noch ein Aspekt ist von Interesse: Gergely (vgl. Kap.2.2) betont, im Prozess der Bildung sekundärer Repräsentationen erkenne der Säugling durch die Merkmale des mütterlichen Affektspiegelns (Markiertheit, Nichtsequentialität, Kontingenzbezogenheit), dass dieser Affekt zwar kontingent mit seinem ist, dass es aber „die Andere", die Mutter, ist, die diesen -seinen- Affekt spiegelt. Hier kommen ganz zaghaft schon sehr früh Aspekte der „Anderheit", wie Buber sie beschreibt, zum Tragen.

Von Seiten der Bezugsperson sind also dialogische Fähigkeiten wie Realphantasie bzw. synonym personale Vergegenwärtigung gefragt. Umgekehrt möchte ich die These aufstellen, dass dieser Vorgang des Affektspiegelns möglicherweise im Säugling die Gabe der Realphantasie ausbildet, indem er selbst erlebt, wie eine andere Person auf mannigfaltige Weise sein reales Wesen phantasiert (Kontingenzbezogenheit). Ähnlich wie manche Autoren darauf hinweisen, dass ein Erleben von differenzierten Kommunikationsmustern (Bandbreite alternativer Interpretationen von Affekten) die Symbolbildung und daraus folgend Spielfähigkeit und Sozialverhalten maßgeblich positiv beeinflussen (vgl. Kap. 2.3).

7.2.2 Der kompetente Säugling - Urdistanz und Beziehung

Urdistanz und Beziehung sind die Axiome Buberscher Anthropologie (vgl. Kap. 1.5). Buber setzt der menschlichen Beziehungsfähigkeit und dem menschlichen Grundbedürfnis nach Beziehung die Distanzierungsbewegung voraus. Die neuere Säuglingsforschung bestätigt diese Distanzierungsbewegung, indem sie den kompetenten

Säugling entwirft, der schon in den ersten Lebenswochen in der Lage ist Distanzierung auszudrücken (vgl. Kap. 2.5), der mit motorischen, perzeptuellen und kognitiven Fähigkeiten soweit ausgestattet ist, dass er Interaktion hervorrufen und seine Welt in begrenztem Maße differenziert betrachten kann. Gergelys Neubewertung von Mahlers Theorie und Sterns Beobachtungen (vgl. Kap. 2.3; 2.5) zeigen, dass der Säugling ein großes Potential an Distanzierungsmöglichkeiten hat und es auch nutzt und gleichzeitig in erhöhtem Maße auf Beziehung angewiesen ist, diese sucht und als sichere Bindung braucht, wie die Bindungsforschung eindrücklich belegt.

7.2.3 „Das erzieherische Verhältnis ist ein rein dialogisches“ - Tanz in der Mutter-Kind-Interaktion

Daniel Stern drückt in seinem Buch „Mutter und Kind. Die erste Beziehung“ in der Sprache des Säuglingsforschers sehr schön dialogische Haltung aus. Weil sie so treffend ist, seien hier noch einmal drei Zitate aufgenommen, die im zweiten Teil der vorliegenden Arbeit auch Beachtung fanden.

> „Das Kleinkind bringt enorme beziehungsstiftende Fähigkeiten mit auf die Welt....Letzten Endes ist jedes menschliche Wesen einfach das, was es in diesem Moment ist, da wir es vor uns haben...Noch wichtiger ist: Obwohl eine Mutter verstandesmäßig sehr wohl weiß, dass ihr Baby ein unreifes Geschöpf ist, und oft wünscht, es möge schneller heranwachsen, kann sie zu ihm erst dann eine *umfassende* spontane Beziehung finde, wenn ihr Gefühl dies alles beiseite schiebt. Wie jeder andere in ihrem Leben wichtige Mensch ist das Baby nun einmal das, was es ist, interagiert mit dem, was es hat, wenn man ihm *begegnet*“ (Stern 2000 b, 45. Hervorhebung MW).

Das Kind wird angenommen, wie es gerade ist, mit dem, was es gerade kann, - personale Vergegenwärtigung, einseitige Umfassung. Die Bezugsperson möchte mit dem Kind in Beziehung treten und setzt voraus, dass das Kind auch in Beziehung treten möchte, und das Kind tut es auch. Wenn es nicht will, ist es in der Lage deutlich Signale zu geben - Gegenseitigkeit. Die Bezugsperson kann die feinen Signale des Kindes richtig verstehen und interpretieren - Realphantasie. Die Bezugsperson gibt sich selbst authentisch, wesenhaft, handelt vorausschaubar und berechenbar - es entsteht Vertrauen.

Stern beschreibt diesen Dialog als Tanz, an dessen Choreographie beide TanzpartnerInnen mitwirken, Buber nennt es den echten Dialog, eine Ich-Du-Beziehung.

Bubers Dialogverständnis setzt im Sprachlichen an, wobei Dialog auch nonverbal geschieht, Stern beschreibt den vorsprachlichen Dialog. Er benutzt Bilder aus Musik und Tanz als vorsprachliche Ausdrucksmittel. Sterns Beobachtungen sind ein Geschenk an die Dialogphilosophie, weil sie um die vorsprachliche Entwicklung erweitert wird.

Stern beschreibt den individuellen, risikoreichen Weg, den alle Eltern mit ihrem Kind gehen, weil es keine Noten gibt, keine Anleitung für die Schritte dieses Tanzes, den jedes Interaktionspaar für sich selbst erfinden muss, auch wenn alle universal einen Tanz tanzen (ebd., 161f). Buber verweist auf das Wagnis, Verantwortung zu übernehmen, im Erzieherischen wie in allen zwischenmenschlichen Beziehungen. Es wurde auch schon ausgeführt, dass Buber keine Regeln für gelingenden Dialog erstellt, sondern immer wieder das wirkliche, Gegenwart fordernde und wesenhafte In-Beziehung-Treten in den Raum stellt

Stern zeigt, dass das Spiel, der Tanz zwischen Mutter und Kind, nur Absichtslosigkeit, kein „um zu" verträgt, dass kein Lehren und keine Anweisung der erforderlichen Spontaneität gerecht werden. Buber lässt nicht nach auf die Unmittelbarkeit und Prozesshaftigkeit des echten Dialogs hinzuweisen.

7.2.4 Bindungstheorie und der Trieb nach Verbundenheit

Wie im Text bereits erwähnt (vgl. Kap. 2.6), beobachtete John Bowlby die konkrete Umwelt des kleinen Kindes und entwickelte u.a. daraus die Bindungstheorie. Ein Kind, das eine sichere Bindung zu seiner Bezugsperson entwickelt hat, kann vertrauensvoller und in seinen sozialen Bezügen sicherer die kindliche Entwicklung durchlaufen.

Buber beschreibt wiederum den Trieb nach Verbundenheit (vgl. Kap. 1.9), der allen Menschen neben dem Urhebertrieb innewohnt. Und er fängt mit seiner poetischen Beschreibung die Atmosphäre des Vertrauens ein, in der ein sicher gebundenes Kind ruht:

> „Ich habe auf das Kind hingewiesen, das, halbgeschlossener Augen daliegend, der Ansprache der Mutter entgegenharrt. Aber manche Kinder brauchen nicht zu harren: weil sie sich unablässig angesprochen wissen, in einer nie abreißenden Zwiesprache. Im Angesicht der einsamen Nacht, die einzudringen droht, liegen sie bewahrt und behütet, unverwundbar, im silbernen Panzerhemd des Vertrauens... Vertrauen, Vertrauen zur Welt, weil es diesen Menschen gibt....Weil es diesen Menschen gibt, kann der Widersinn nicht die wahre Wahrheit sein, so hart er einen bedrängt" (Buber, 2000b, 40).

Ebenso verbinden sich das in seiner Anthropologie beschriebene Bedürfnis nach Bestätigung und die menschliche Fähigkeit, Bestätigung zu erteilen, mit den Ergebnissen der Bindungsforschung. Sie hat das menschliche Bedürfnis nach Gemeinschaft, Nähe, Sicherheit, Geborgenheit und Verbundensein empirisch nachgewiesen.

7.2.5 Gespenster und Scheingestalten

Selma Fraiberg vertritt einen anderen Aspekt Buberschen Nachdenkens über Zwischenmenschliches (vgl. Kap. 5). Was Fraiberg als „Gespenster", als Eindringlinge im elterlichen Beziehungsgeschehen identifiziert, hat Bezüge zu Bubers „Scheingestalten" (vgl. Kap.1.4.), auch wenn die Psychoanalytikerin pathologische Repräsentationen und der Philosoph Selbstbild und Fremdbild thematisieren. Fraibergs wie Bubers Anliegen ist es zur wahren, authentischen Person vorzudringen, allen Schein aufzudecken und allem Spuk ein Ende zu bereiten. Mit Bubers Begriff kann sich so das „Zwischen" ereignen. Fraiberg erkennt, dass erst dann eine ungestörte Eltern-Kind Beziehung möglich wird, wenn alte destruktive Muster aufgelöst und so neue beziehungsfördernde Verhaltensweisen möglich werden.
Buber sieht den Prozess, die eigenen Scheingestalten zu erkennen und immer mehr eine wahrhaftige Person zu werden, als ständige, dynamische Entwicklungsaufgabe, als das Werden und Reifen eines Menschen, als ein Ausgerichtetsein in der Welt. Der Dynamik und Prozesshaftigkeit menschlicher Entwicklung, im Besonderen in der rapiden Entwicklung von Kindern, wird Rechnung getragen in den neuen Konzepten von Eltern-Kleinkind-Beratung, da sich diese Beratungsform als sequentielles Beratungsangebot versteht, als Begleitung in einem sensiblen Prozess, wie Stern ausführlich in „Mutterschaftskonstellation" beschreibt (vgl. Kap. 6.7).
Bezüge zwischen der Dialogphilosophie, der Säuglingsforschung und der Eltern-Kind-Beziehung sind nun hinreichend hergestellt. Inwiefern ist nun das hier vorgestellte Beratungsmodell unter dialogphilosophischen Gesichtspunkten zu lesen?

7.3 Dialog in der Eltern-Kleinkind-Beratung

7.3.1 Dialogisches in der Eltern-Kleinkind-Beratung

Abgesehen davon, dass die interaktionelle Eltern-Kleinkind-Beratung wie oben eingeführt auf den Grundpfeilern der neueren Säuglingsforschung ruht und die dialogische Haltung der Pionierin der Eltern-Kleinkind-Beratung Selma Fraiberg dargelegt wurde, ist das Modell selbst offen für eine dialogische Haltung. Eine Beratungsform, die sich als „individuell abgestimmt", „interaktionszentriert", „infant-oriented" und auf „intuitive elterliche Kompetenzen ausgerichtet" charakterisiert (vgl. Kap. 6.4), trägt schon einige dialogische Elemente in sich, die zum großen Teil in Kapitel 7.2 diskutiert wurden.

Die Betrachtung über ein weiteres, bereits angeführtes Thema im Beratungsprozess, nämlich den Umgang mit Schuld und Schuldgefühlen, soll beispielhaft zeigen, wie eine dialogische Haltung und Bubers Grundgedanken zu Schuld auf die Eltern-Kleinkind-Beratung angewendet werden können.

7.3.2 Schuld und Schuldgefühle in der dialogischen Beratung

Die Beratungsform ist auch angelegt existentielle Themen zu bedenken, so z.B. die Auseinandersetzung mit der Schuldfrage, wie in der Ausarbeitung zu psychoanalytischen Konzepten von Schuld und Bubers Haltung zur Schuld bereits angedeutet wurde.
Warum diese Ausführung zu diesem Thema, handelt es sich doch primär um eine sozialpädagogische Beratungsform und nicht um psychotherapeutisches Vorgehen?
Fragen zu Schuld und Schuldgefühlen sind zentrale Themen in der Erziehung.
Schuldgefühle werden oft nicht direkt angesprochen, sind aber latent vorhanden: keine „gute" Mutter, kein „guter" Vater zu sein, es nicht gut genug zu machen, falsch gehandelt zu haben, Grenzen zu erkennen, erschöpft zu sein, nicht das zu geben, was man könnte oder eigentlich wollte, Wut gegenüber dem Kind wahrzunehmen und diese Empfindungen und Kognitionen sich aus Scham oder aus einer Schuld heraus nicht eingestehen zu können. Schließlich wird doch immerzu das Bild der glücklichen Familie suggeriert. Besonders in der Schwangerschaft und zur Geburt hin vermittelt die Werbung, dass Mutterschaft nur positive Gefühle verträgt. All das, was von außen an Ansprüchen formuliert wird und von innen an eigenen Erwartungen entsteht, kann Schuldgefühle hervorrufen und dadurch das Verhältnis zwischen Eltern und Kind massiv stören. Ein offenes Gespräch mit Menschen, die sich als Hörende und nicht als Bewertende verstehen, so wie in Kapitel 6.6.2 angedeutet, kann, vorausgesetzt es entsteht eine vertrauensvolle Beziehung, Klarheit und Entlastung bewirken, indem sich Eltern von störenden Konzepten befreien.
Bubers Beitrag wird hier unter dem Aspekt verstanden, dass eine authentische Schuld gegenüber dem Kind hinter Schuldgefühlen möglich ist, die auch durch deren Bearbeitung nicht behoben werden kann.

Da ist zuerst die Haltung des/der Beratenden zu betrachten. Der Satz „Dialogik ist implizit“ (s.u. Kap. 7.4.2) kommt auch hier zum Tragen, denn die Haltung der Beratungsperson beeinflusst das dynamische Geschehen im Beratungsprozess. Meines Erachtens ist die Auseinandersetzung mit dem Schuldbegriff Voraussetzung für eine beraterische Tätigkeit.
In Bubers Sinne äußert sich die dialogisch verstandene Haltung zur Verantwortung in der Bereitschaft, Verantwortung zu übernehmen und damit bereit sein zu antworten. Das kann neben dem Zuhören auch ein Nachfragen bedeuten, wenn Schuldthemen angedeutet, aber nicht explizit benannt werden.
Im Kern sieht Bubers Schuldbegriff neben der Verantwortungsethik die Chance der Umkehr, des Neuanfangs im Sinne eines „gewandelten Verhältnisses zur Welt“ (Buber 1962, 502) vor. Für die Beratung liegt nahe, mit den Eltern zu schauen, wie sich ein Wandel konkret in der Beziehung zum Kind oder zum Partner /zur Partnerin ausdrücken kann.
Dabei können verschiedene Ebenen gemeint sein, je nachdem wie tief Beratende und zu Beratende in den Prozess einsteigen können oder wollen.
Die direkteste Ebene, einen Wandel zu unterstützen, wäre entwicklungspsychologische Beratung, deren Erkenntnisse schon problematisches Verhalten ändern können. Die Kommunikationstherapie (vgl. Kap. 6.6.3), die Störungen in der Interaktion behandelt, geht einen wesentlichen Schritt weiter, weil hier schon, wie oben beschrieben, die dialogische Kompetenz der Eltern angesprochen wird. Und schließlich bietet sich Bubers Dialogphilosophie, die das Wesen des Menschseins meint, für das Gespräch über Sinnfragen an, mit Themen wie Schuld, Verantwortung in der Erziehung, Verantwortung in der Partnerschaft oder Werteerziehung.
Es besteht, nach Buber, immer die Chance für eine Umkehr, für einen Neubeginn. Dieser Neubeginn befindet sich, mit Heinz von Foerster, österreichischer Physiker und Geburtshelfer des Konstruktivismus, gesprochen, jenseits vom moralischen „Du sollst“, er liegt im Bereich des ethischen „Ich soll“(s.u. Kap.7.4.).
Das „Ich soll“ impliziert das oben beschriebene „gewandelte Verhältnis zur Welt“. Die interaktionelle Eltern-Kleinkind-Beratung unter dialogphilosophischen Aspekten versteht sich als Begleitung auf der Ebene, die die zu beratenden Eltern einnehmen wollen oder können.

Die zuletzt gemachte Betrachtung über Schuld und Schuldgefühle ist exemplarisch für den Beratungsprozess zu sehen. Beratung als Dialog bedeutet auch, genau wahrzunehmen, auf welcher Ebene die zu Beratenden Beratung erhalten wollen.
In welcher „Alltagswirklichkeit“[50] befinden sich die Eltern? Welches sind ihre Fragen und Anliegen? Wo stehen sie? Wovon gehen sie aus?

7.4 Dialogische Haltung und Persönlichkeitsentwicklung

In Kapitel 7.3 wurde aufgezeigt, was dialogische Beratung ausmachen kann. Dialogisch wird Beratung – und jedes andere Modell auch- jedoch erst, wenn die Ausführenden selbst im Prozess sind eine dialogische Haltung einzunehmen.
Buber bezeichnet den Erzieher als Menschen, der selbst als Werdender und Reifender teilhat am erzieherischen Prozess, der darauf hinwirken will „den Menschen wieder zu seiner Einheit zu bringen“ (Buber 2000b, 90).
Das führt uns zu der am Anfang gestellten Frage, inwiefern eine „Haltung der Unmittelbarkeit“, die sich nicht systematisieren lässt, zu einem Handlungskonzept führen kann (Kap. 1.2). Dort wurde schon angedeutet, dass in Bubers dialogischem Denken immer auch Persönlichkeitsentwicklung impliziert ist.
Zunächst wird noch einmal auf Bubers Auslegung chassidischer Lebensweisheit Bezug genommen, dann folgt eine Begegnung zwischen Dialogphilosophie und Konstruktivismus, ferner werden einige Gedanken zur Gefahr des Burnout geäußert und die Betrachtungen zur Persönlichkeitsentwicklung enden mit zwei Beispielen aus unterschiedlichen Gebieten. Hier werden Thesen zur Bedeutung der Persönlichkeitsentwicklung in der Sozialen Arbeit begründet.

7.4.1 Persönlichkeitsentwicklung nach Buber – „Der Weg des Menschen“

In seinem Büchlein „Der Weg des Menschen nach der chassidischen Lehre“ bietet Buber, chassidischer Tradition folgend, mittels Geschichten Anregungen für existentielle Fragen. Um den Geist chassidischer Frömmigkeit und Lebensweisheit, der Bubers Denken und Handeln maßgeblich beeinflusst hat, lebendig werden zu lassen, werden die sechs Schritte (vgl. Kap.1.2) mit kleinen Geschichten und Zitaten ausführlicher vorgestellt:

---

[50] Vgl. dazu die Arbeit von Berger/ Luckmann (2000): Die gesellschaftliche Konstruktion der Wirklichkeit.

Nach Buber (2001) geht es darum, dem Leben eine Richtung zu geben, den eigenen Weg zu finden und zu gehen. Der Beginn dieses Weges ist markiert durch „Selbstbesinnung“ (ebd.,7). Um das zu verdeutlichen erzählt er die Geschichte des Rabbi von Ger, wie er die Worte auslegt, die Jakob an seinen Knecht richtet:

> „ ‚Wenn mein Bruder Esau auf dich stößt und fragt dich: >Wessen bist du, worauf gehst du, wessen sind die vor dir?<‘, sprach er zu seinen Schülern: ‚Merket wohl auf, wie ähnlich die Fragen Esaus dem Spruch unserer Weisen sind: ‚Betrachte drei Dinge. *Wisse, woher du kamst und wohin du gehst und vor wem du dich zu verantworten hast.* ’ “ (ebd. 13. Hervorhebung MW).

Im zweiten Schritt arbeitet Buber heraus, dass jeder seinen eigenen, einzigartigen Weg zu gehen hat. Im Kapitel „Der besondere Weg“ macht er das u.a. mit den Worten des Rabbi Sussja deutlich, der kurz vor dem Tod gesagt hatte:

> „In der kommenden Welt wird man mich nicht fragen: >Warum bist du nicht Mose gewesen?< Man wird mich fragen: >Warum bist du nicht Sussja gewesen?<“ (ebd. 17f.).

Als dritten Schritt betont Buber die Bedeutung der „Entschlossenheit“, derer es bedarf, um den eigenen Weg wirklich zu gehen. Chassidische Weisheit weiß um die widerspenstige Seele, die geeint werden muss, um ein Vorhaben entschlossen anzugehen. Buber schreibt:

> „Die Seele ist nicht wirklich geeint, wenn es nicht alle leiblichen Kräfte, alle Glieder des Leibes sind. Den Schriftvers, Alles was deine Hand zu tun findet, tue in deiner Kraft!’ deutete der Baalschem, man solle die Tat, die man tut, mit allen Gliedern tun....Der Mensch der so eine Einheit aus Leib und Geist wird, dessen Werk ist Werk aus einem Guß“ (ebd.,31 f.).

Der vierte Schritt „Bei sich beginnen“ erklärt sich selbst durch das folgende Zitat:

> „Der Ursprung allen Konflikts zwischen mir und meinem Mitmenschen ist, dass ich nicht sage, was ich meine, und dass ich nicht tue, was ich sage. Denn dadurch verwirrt und vergiftet immer wieder und immer mehr die Situation zwischen mir und dem anderen, und in meiner inneren Zerfallenheit bin ich gar nicht mehr fähig, sie zu meistern, sondern entgegen all meiner Illusion bin ich ihr willenloser Sklave geworden....Von hier führt kein anderer Ausgang als durch die *Erkenntnis* der Wende: Alles hangt an mir und durch den *Willen* der Wende: Ich will mich zurechtschaffen“ (ebd., 38 f. Hervorhebung im Original).

Die vorausgegangenen Schritte thematisieren einiges an Veränderung im Selbstverständnis des Menschen und fordern ihm intensive Beschäftigung mit Einstellungen und Haltungen ab. Im fünften Schritt „Sich mit sich nicht befassen“ problematisiert

Buber eine Selbstbezogenheit, die nur das eigene Seelenheil sucht, und die Verbindung zur Welt vernachlässigt.

Das Kapitel beginnt mit folgender Geschichte und macht besonders aufmerksam auf Bubers weltzugewandte Haltung:

> „Als Rabbi Chajim von Zans seinen Sohn der Tochter des Rabbi Elieser vermählt hatte, trat er am Tag nach der Hochzeit beim Brautvater ein und sagte: ‚Schwäher, Ihr seid mir nahe gekommen, und ich darf Euch sagen, was mein Herz peinigt. Seht Haupt- und Barthaar sind mir weiß geworden, und noch habe ich nicht Buße getan!' ‚Ach, Schwäher', erwiderte ihm Rabbi Elieser ‚Ihr habt nur Euch im Sinn. Vergeßt Euch und habt die Welt im Sinn'" (ebd.,41).

„Hier wo man steht". Dieser letzte Schritt, der auch immer ein erster sein kann, meint nichts anderes als:

> „Es gibt etwas, was man an einem einzigen Ort in der Welt finden kann. Es ist ein großer Schatz, man kann ihn die Erfüllung des Daseins nennen. Und der Ort, an dem dieser Schatz zu finden ist, ist der Ort, wo man steht"(ebd.,51).

Dass diese Schritte, die hier nur verkürzt vorgestellt wurden, nicht als Anweisungen zu verstehen sind, wird in einem Briefwechsel mit Mascha Kaleko, die sich an Buber wendet, sichtbar. Auf die Frage, ob denn

> „wirklich kein ‚praktischer' Weg der Übung und Meditation zur Welt jüdischer Mystiker (der Chassidim MW) [führe]? " (Buber 1996, 170),

antwortet Buber:

> „Einen allgemeinen lehrbaren Weg gibt es gar nicht. Die jungen Leute, von denen Sie schreiben, kriegen es nicht billiger, als dass sie sich jeder in den eigentümlichen Situationen seines persönlichen Lebens bewähren und mit den Wesen und Dingen, denen sie begegnen, heiligen Umgang pflegen....alle ‚Anweisungen' führen in die falsche Sicherheit hinein, die schlimmer ist als die echte Verzweiflung" (ebd.).

7.4.2 „Ethik ist implizit" - „Dialogik ist implizit" - Eine Begegnung zwischen Dialogphilosophie und Konstruktivismus

Im vorausgegangenen Abschnitt wurde noch einmal der Versuch unternommen dialogische Haltung zu beschreiben. Dieses Unterfangen berührt die Problematik, dass der echte Dialog, ein Ich-Du Verhältnis, nicht beschrieben werden kann, denn er gehört der Gegenwart. Beschreibung ist Vergangenheit oder Zukunft (vgl. Kap.1.2;1.3). Heinz von Foerster vermittelt ein philosophisches Erklärungsprinzip für dieses Phänomen, wenn er über Ethik spricht. Ausgehend von Wittgensteins Präposition: „Es ist klar, daß sich Ethik nicht aussprechen läßt"(Foerster von / Bröcker 2002, 16) will er zeigen, „dass Ethik implizit strömen kann, ohne explizit zu werden" (ebd.).

Er meint damit, dass sich Ethik im eigenverantwortlichen Handeln als „Ich soll" ereignet, ganz im Gegensatz zum moralisierenden „Du sollst". Alles Sprechen über Ethik behandelt schon keine Ethik mehr, sondern gerät leicht ins moralisierende Fahrwasser.

Ebenso könnte man behaupten: „Dialogik ist implizit". Wie in Kapitel 1.3 ausgeführt, steht das „Reden über" in der Es-Relation und ist nicht mehr Teil des echten Dialogs. Dialog ereignet sich auch im Vollzug und kann schon gar nicht instruiert werden.

Für den Beratungsprozess ist dies ein entscheidender Hinweis auf das Wesen der dialogischen Haltung, die sich in der Wahrhaftigkeit einer Beratungsperson ausdrückt und die überlegen distanziertes Expertenwissen und Instruktionen für den Umgang mit dem Kind etc. insofern ausschließt.

Eine Spannung zwischen absichtslosem Sein im Hier und Jetzt, das wirkliche Begegnung ermöglicht, und dem intentionalen Einsatz von Methoden bzw. der Zielorientiertheit, nämlich die Eltern zu begleiten, den Dialog wieder aufzunehmen, bleibt aber bestehen. Buber löst sie, indem er den Aspekt der Entscheidungsfreiheit einführt. Es gibt eine Freiheit zu entscheiden zwischen der Welt des Du oder der Eswelt:

> „Das uneingeschränkte Walten der Ursächlichkeit in der Eswelt ... bedrückt den Menschen nicht, der auf die Eswelt nicht eingeschränkt ist, sondern ihr immer wieder in die Welt der Beziehung entschreiten darf. Hier stehen Ich und Du einander frei gegenüber ... hier verbürgt sich dem Menschen die Freiheit seines und des Wesens" (Buber 2002, 54).

7.4.3 Bubers Dialogphilosophie und die Gefahr des Burnout

Die Dialogphilosophie als Ganzes und richtig verstanden mit den Merkmalen von Distanz und Beziehung, eigenem Standpunkt und „Anderheit" des Anderen trägt in sich die Mittel um dem Burnout vorzubeugen. In Bubers Verständnis liegt der größte Schutz vor Überforderung im Hinweis darauf, dass der Erziehende (oder Beratende) nicht das letzte Glied in der Verantwortung für die Erziehung (Beratung) ist. Bubers jüdisches Denken wurde schon in Kapitel 1.9 zitiert und wird noch einmal aufgenommen, weil es, wie bereits beschrieben, eng mit der Dialogphilosophie verbunden ist:

> „Der Mensch, das Geschöpf, welches Geschaffenes gestaltet und umgestaltet, kann nicht schaffen. Aber er kann sich und kann andere dem Schöpferischen öffnen. Und

> er kann den Schöpfer anrufen, dass er sein Ebenbild rette und vollende“ (Buber 2000 b, Rede über das Erzieherische, 49).

Nachdem die Dialogphilosophie im erste Teil der Studie als Theorie gehandhabt wurde, ist es jetzt angebracht zu untersuchen, wie die konkrete dialogische Haltung ausgestaltet werde kann, ohne sie als Methode zu verunglimpfen. Da wie mehrfach im Text angedeutet das dialogische Prinzip sich der Methodentechnik verweigert, kann nur in Richtungen angedeutet werden, wie der Begriff der dialogische Haltung zu füllen ist. Es werden jetzt Richtungen aus zwei unterschiedlichen Gebieten - quasi als Exkurse - dargelegt, die auch die Bedeutung der Persönlichkeitsentwicklung in der Sozialen Arbeit zum Gegenstand haben auf ihre je spezifische Weise.

7.4.4 Übergangsphänomene als intermediärer Bereich im Verhältnis zwischen BeraterIn und zu Beratenden

Cornelia Muth (1999) greift ein Phänomen aus der Entwicklungspsychologie auf und überträgt es auf die Arbeit mit Studierenden. In ihrem Aufsatz „Mut und Verantwortung als feministische Übergangsphänomene“ bezieht sie sich auf Winnicott, der sich als Kinderarzt und Psychoanalytiker ausführlich mit Übergangsobjekten beschäftigt hat, die synonym als Übergansphänomene zu verstehen sind. Nach Winnicott (1997) handelt es sich hierbei um einen

> „[intermediären] Erfahrungsbereich, der nicht im Hinblick auf seine Zugehörigkeit zur inneren oder äußeren Realität in Frage gestellt wird, er, [der intermediäre Erfahrungsbereich, MW] begründet den größeren Teil der Erfahrungen des Kindes und bleibt das Leben lang für außergewöhnliche Erfahrungen im Bereich der Kunst, der Religion ... und der schöpferischen wissenschaftlichen Arbeit erhalten“ (ebd., 25).

Muth (1999) überträgt nun diese Theorie der Überganspḧänomene auf das universitäre Lernverhältnis als „[kreativen] Interaktionsbereich zwischen HochschuldozentInnen und StudentInnen“ (ebd., 157).

Dabei beschreibt sie in ihrem Beitrag zu einer feministischen Betrachtungsweise von Objektbeziehung Mut und Verantwortung als feministische Übergangsphänomene. Diese sind

> „Ausdruck einer wechselseitigen Vertrauensbeziehung, in denen eine nicht patriarchale Sprache gefunden werden kann“ (ebd.).

Ich möchte dieses universitäre Verhältnis auf das beraterische Verhältnis zwischen SozialpädagoInnen und Beratungsuchenden, für das Thema dieser Arbeit sind es Eltern mit ihren Kindern, übertragen. Es ist ja durch die Psychotherapieforschung bekannt, dass das Beziehungsverhältnis als unspezifisch wirksame Variable für den therapeutischen Prozess von hoher Bedeutung ist (vgl. Grawe 1994). Muth greift die Forderung Schieks auf, den StudentInnen gegenüber eine „positive Grundhaltung“ einzunehmen, die mit „Verantwortung für sich selbst und das Gegenüber“ verknüpft ist (Schiek zit. nach Muth, 1999a, 166). Damit ist eine dialogische Haltung angesprochen, die in der Lehre die „eigene Person als Hauptarbeitsinstrument“ schätzen lernt, wozu die „Arbeit an der eigenen Person“ gehört (ebd.). Muth resümiert zum Schluss:

> „Hierfür ist Mut und Selbst-Verantwortung notwendig. Sie können sich in persönlichen Beziehungen - auch universitären – performieren“ (ebd., 166).

Wie in den Ausführungen zum dialogischen Prinzip dargelegt wurde, bietet Buber für diese Arbeit an der eigenen Person, die m.E. auch für die sozialpädagogische Arbeit unerlässlich ist, mit seinem dialogischen Prinzip, das von einer Grundhaltung des Menschen ausgeht, ein differenziertes philosophisches Denkmodell.

7.4.5 Beziehungsfähigkeit in der Sozialen Arbeit - auch eine Begegnung mit dem eigenen Kolonialismus?

Ein Streifzug in die Ethno-Psychoanalyse führt uns zu einer weiteren vielleicht etwas ungewöhnlichen Betrachtung der Bedingung „Persönlichkeitsentwicklung“ in der Sozialen Arbeit, die sich heute fast als konstruktivistischer Beitrag lesen lässt. In der Einleitung zu der ethnologischen Schrift des 1901 geborenen französischen Schriftstellers und Ethnologen Michel Leiris „Die eigene und die fremde Kultur“ von 1985 beschreibt Hans-Jürgen Heinrichs Leiris neues Verständnis von ethnologischer Forschung, die sich „in den Dienst der Erkundung aller Reichtümer und Kapazitäten eines Volkes stellen [möchte]“ (Leiris 1985, 7). Neben der Kritik am kolonialistischen Erbe im Denken der bisherigen Ethnologie, macht er darauf aufmerksam, dass eine objektive, vom Forscher unabhängige Betrachtungsweise nicht möglich ist. Denn der Forscher selbst ist in die Forschungssituation verstrickt und inszeniert diese mit seinen eigenen Vorstellungen, Wünschen, Phantasien und Ängsten (vgl. ebd., 32). Vom psychoanalytischen Denken herkommend[51] macht Leiris auf die Übertragungs- und Gegenübertragungsanalyse aufmerksam, die seiner Meinung nach notwendig ist für eine authentische Beschreibung ethnographischer Beobachtungen. In seiner Analyse der Reisen in fremde Kulturen (hier eine mehrjährige Reise nach Afrika), die er in seinem Buch Mannesalter (Leiris 1939a) beschreibt, stellt er fest, dass man doch immer sich selbst begegnet, egal wie weit man sich entfernt.

> „Im Jahre 1933 kehrte ich zurück und hatte wenigstens eine Legende zerstört: jene vom Reisen als Möglichkeit, sich selbst zu entfliehen“ (ebd., 202).

Dieser Exkurs gibt zwei Anregungen: Erstens macht er darauf aufmerksam, wie der Zugriff auf Methoden, die für die sozialpädagogische Praxis wichtiges Handwerkszeug bedeuten, „Fluchtmöglichkeiten“ bietet, um der Selbstreflexion aus dem Weg zu gehen und damit sozialpädagogisches Handeln auf die Ebene von Technik zu reduzieren. Sozialpädagogische Arbeit ist aber Beziehungsarbeit, diese verträgt keine Technik, will man den Menschen mit denen man zutun hat, gerecht werden. Zum zweiten ist es Arbeit in der Begegnung mit dem Menschen par excellence, dem Anderen, dem Fremden, mit seiner je eigenen Kultur[52]. Für diese Arbeit ist interkulturelle Kompetenz gefragt, die den / die Sozialpädagogen/in befähigt mit den Unterschieden umzugehen, die durch die „Vielzahl von Lebensformen“ (Muth 1999b, 118) auf sie/ihn zukommen. Diese Kompetenz erfordert Beziehungsfähigkeit, die u.a. durch Selbstreflexion und Erfahrungswissen entwickelt werden kann. Auch aus dieser Sichtweise lässt sich Martin Bubers dialogisches Prinzip als Rüstzeug für persönliches Wachstum der Sozialpädagogin / des Sozialpädagogen verstehen.

7.4.6 „Bei sich beginnen“

In den Ausführungen des zweiten Teils der Studie und im Verlauf der Diskussion zeigte sich, wie sehr das Eltern-Kind-Beziehungssystem selbst in sich dialogisch ist, bzw. wie es sich schon vorgeburtlich anbahnt, dass dieser Dialog normalerweise von selbst aufgrund universal angelegter intuitiver Kompetenzen der Eltern und der selbstregulatorischen Fähigkeiten des Säuglings entsteht, und dass er keine Instruktionen verträgt. Es wurde aber auch aufgezeigt, dass diese Dialogfähigkeit störanfällig ist, von beiden Seiten der DialogpartnerInnen. Einem Beratungsansatz ist es inhärent, dass es erst zum Kontakt kommt, wenn Störungen auftreten. Es wurde herausgearbeitet, dass die interaktionelle Eltern-Kleinkind-Beratung bei den Störungen des Dialogs zwischen Eltern und Kind ansetzt (vgl. Kap. 6.6).

---

[51]Leiris befand sich selbst vor und nach Reisen in Analyse und war mit dem französischen Psychoanalytiker Lacan befreundet.

Dialogik ist implizit (vgl. Kap. 7.4.2). Weg und Ziel sind nicht zu trennen. Insofern hängen Dialogfähigkeit der Beraterin / des Beraters und das Ziel, einer dialogische Eltern-Kind-Beziehung den Weg zu bahnen, untrennbar zusammen.
Buber (2001, 33ff.) beschreibt als einen wichtigen Schritt, „bei sich [zu]beginnen", für seine Gedanken, Worte und Handlungen selbst Verantwortung zu übernehmen (vgl. Kap.7.4.1). Dialogische Beratung heißt also auch, bei sich, der Beratungsperson, zu beginnen. Auch hier lässt Buber das Prozesshafte, das Unvollkommene anklingen. Auch hier benutzt er eine Formulierung, die die Chance des Neubeginnens beinhaltet. In diesem Sinne kann die Beraterin / der Berater in einer dialogischen Haltung gegenüber der Familie eine Richtung angeben, den Dialog zwischen Eltern und Kind wieder entstehen zu lassen. Dass zu dieser Haltung dann bestimmte Methoden eingesetzt werden, wie z.B in der Kommunikationstherapie (Kap.6.6) beschrieben, ist dabei hilfreiches und notwendiges Handwerkszeug. Die Wahl der Methoden ist sekundär.

---

[52] Klaus Eder definiert Kultur als die Verknüpfung sozialer Struktur mit dem individuellen Lebensprozess (Eder zit. nach Muth 1999, 117). Somit ist jede Begegnung mit anderen Menschen eine interkulturelle.

Schlusswort

Bezüge zwischen Dialogphilosophie und der Beratung von Eltern mit ihren Kleinkindern sind aufgezeigt worden.
Konstruktivistisch gelesen, sind es Bezüge, die aus der Subjektivität der Verfasserin entstanden sind. Bildlich gesprochen ist es eine weite Reise in die verschiedenen Kulturen der Personen geworden, deren Beiträge in dieser Arbeit aufgeführt worden sind.
Diese Reise nähert sich dem Ende. Welche Erkenntnisse haben im Reisegepäck Platz gefunden? Welches sind die Antworten auf die anfangs gestellten Fragen?
Die Kernaussage lautet:
Ich entscheide mich für eine dialogische Grundhaltung, die auf Bubers anthropologischer Philosophie gründet. Die beiden Grundbewegungen von „Urdistanzierung“ und „In-Beziehungtreten“ bilden die Überschrift für die „Spielregeln“ (von Foerster / Bröcker 2002, 67 f.), die für meine sozialpädagogische Arbeit gelten sollen. Grundregeln sind: das Gespräch zu suchen, die Bereitschaft zu antworten, die „Anderheit“ des/der Anderen wahrzunehmen, auf das eigene Entwicklungspotential und das des/der Anderen zu setzen, einen eigenen Standpunkt einzunehmen, „Gegenwärtigkeit“ zu üben und in allem Gelassenheit zu entwickeln.

Literaturverzeichnis

Augustinus, Aurelius (1986): Bekenntnisse. 4. Aufl. München: DTV.

Beck, Ulrich / Beck- Gernsheim, Elisabeth (1990): Das ganz normale Chaos der Liebe. Frankfurt: Suhrkamp.

Berger, Peter L. / Luckmann, Thomas (2000): Die gesellschaftliche Konstruktion der Wirklichkeit. 17.Aufl. Frankfurt: Fischer TB.

Brockhaus- Enzyklopädie(1987): Bd. 4, 19.Aufl., Mannheim: Brockhaus.

Brockhaus- Enzyklopädie(1992): Bd. 19, 19.Aufl., Mannheim: Brockhaus.

Buber, Martin (1962): Werke. Bd 1. S.475-502. München: Kösel / Heidelberg: Lambert Schneider.

Buber, Martin (1978): Urdistanz und Beziehung. Heidelberg: Lambert Schneider.

Buber, Martin (2000a): Das Problem des Menschen. 6. Aufl., Gütersloh: Gütersloher Verlagshaus.

Buber, Martin (2000b): Reden über Erziehung. 10.Aufl., Gütersloh: Gütersloher Verlagshaus.

Buber, Martin (2001): Der Weg des Menschen nach der chassidischen Lehre. 14. Aufl., Gütersloh: Gütersloher Verlagshaus.

Buber, Martin (2002): Das dialogische Prinzip. 9. Aufl., Gütersloh: Gütersloher Verlagshaus.

Buber, Martin /Reichert, Thomas (Hrsg) (1996): Buber für Atheisten. Gerlingen: Schneider.

Buchheim, Anna / Kächele Horst (2002): Das Adult Attachment Interview und psychoanalytisches Verstehen. In: Psyche, 56. Jg, H. 9, S. 946-973.

Dausien, Bettina (1996): Biographie und Geschlecht. Zur biographischen Konstruktion sozialer Wirklichkeit in Frauengeschichten. Bremen: Donat.

Dornes, Martin (2001a): Die emotionale Welt des Kindes. 2. Aufl., Frankfurt: Fischer.

Dornes, Martin (2001b): Der kompetente Säugling.10.Aufl., Frankfurt: Fischer.

Foerster, Heinz von / Bröcker, Monika (2002): Teil der Welt. Heidelberg: Carl-Auer-Systeme.

Fraiberg, Selma / Shapiro, Vivian / Spitz Cherniss, Deborah (1980): Treatment Modalities In: Selma Fraiberg (Hrsg): Clinical Studies in Infant Mental Health.. S. 49-77, London: Tavistock.

Friedman, Maurice (Hrsg.) (1965): The Knowledge of Man. S. 166-184. First Harper Torchbook ed.

Gaertner, Adrian / Gaertner, Birgit (1992): Schwangerschaftsprozesse. In: Zeitschrift für Sexualforschung, 5.Jg. H. 12, S. 285-313.

Gebauer, Karl / Hüther, Gerald (2001): Kinder brauchen Wurzeln. Düsseldorf: Walter.

Geißler, Karlheinz A. / Hege, Marianne (1999): Konzepte sozialpädagogischen Handelns. 9. Aufl., Weinheim: Beltz.

Gergely, György (2002): Ein neuer Zugang zu Margaret Mahler: normaler Autismus, Symbiose, Spaltung und libidinöse Objektkonstanz aus der Perspektive der kognitiven Entwicklungstheorie. In: Psyche, 56. Jg., H. 9, S. 809-838.

Grawe, Klaus / Donati, Ruth / Bernauer, Friederike (1994): Psychotherapie im Wandel. 2. Aufl., S. 749-787. Göttingen: Hogrefe.

Grossmann, Klaus E. / Grossmann, Karin (2001): Das eingeschränkte Leben. In: Karl Gebauer/ Gerald Hüther (Hrsg.): Kinder brauchen Wurzeln. S. 35-63, Düsseldorf: Walter.

Heigl-Evers, Anneliese / Nitschke, Bernd (1998): Das analytische Prinzip „Deutung“ und das interaktionelle Prinzip „Antwort“. In: Anneliese Heigl-Evers / Jürgen Ott (Hrsg.): Die psychoanalytisch- interaktionelle Methode. S. 55-111. 3. überarbeitete Aufl., Göttingen: Vandenhoek & Ruprecht.

Köhler, Lotte (1998a): Das Selbst im Säuglings- und Kleinkindalter. In: Hans-Peter Hartmann u.a. (Hrsg): Das Selbst im Lebenszyklus. S. 26-49. Frankfurt: Fischer.

Köhler, Lotte (1998b): Anwendung der Bindungstheorie in der psychoanalytischen Praxis. Einschränkende Vorbehalte, Nutzen, Fallbeispiele. In: Psyche, 52. Jg., Heft 4 S. 369-397.

Leiris, Michel (1985): Die eigene und die fremde Kultur. Frankfurt: Suhrkamp.

Muth, Cornelia (1999a): Mut und Verantwortung als feministische Übergangsphänomene. In: Dietlind Fischer u.a, (Hrsg): Neues Lehren und Lernen an der Hochschule. S. 157-167. Weinheim: Beltz.

Muth, Cornelia (1999b): Interkulturelles Lernen. In: Weißeno Georg (Hrsg): Lexikon der politischen Bildung, Bd. 1, Dagmar Richter / Georg Weißeno (Hrsg.): Didaktik und Schule. S.117-119. Schwalbach/TS.: Wochenschau.

Orange, Donna W. / Atwood, George E. / Stolorow Robert D. (2001): Intersubjektivität in der Psychoanalyse: Kontextualismus in der psychoanalytischen Praxis. Frankfurt: Brandes & Apsel.

Papousek, Mechthild (1998): Das Münchner Modell einer interaktionszentrierten Säuglings-Eltern-Beratung und –Psychotherapie. In: Kai von Klitzing (Hrsg.): Psychotherapie in der frühen Kindheit. S. 88-118., Göttingen: Vandenhoek & Ruprecht.

Rohde-Dachser, Christa (1997): Expedition in den dunklen Kontinent. Frankfurt: Fischer.

Rönitz, Kai / Rohr, Erwin (2003): Von der Paradoxie des Pädagogischen. Bubers Erziehungsverständnis und die Erziehungswirklichkeit. In: Im Gespräch Nr. 6. S.21-34.

Rudolf, Gerd (1995): Psychotherapeutische Medizin. 2. Aufl., Stuttgart: Enke.

Schilpp, Paul A. / Friedman, Maurice (1963): Martin Buber. Stuttgart: Kohlhammer.

Schmidt, Silke / Strauß, Bernhard (1996): Die Bindungstheorie und ihre Relevanz für die Psychotherapie. In: Psychotherapeut, 41, 139-150.

Stern, Daniel (1998): Die Mutterschaftskonstellation. Stuttgart: Klett-Cotta.

Stern, Daniel (2000a): Die Lebenserfahrung des Säuglings. 7. Aufl. Stuttgart; Klett-Cotta.

Stern, Daniel (2000b): Mutter und Kind. Die erste Beziehung. 4. Aufl., Stuttgart: Klett-Cotta.

Werner, Hans-Joachim (1994): Martin Buber. Frankfurt: Campus.

Winnicott, Donald W. (1990): Das Baby und seine Mutter. Stuttgart: Klett-Cotta.

Winnicott, Donald W. (1997): Vom Spiel zur Kreativität. 9. Aufl., Stuttgart: Klett-Cotta.

Winnicott, Donald W. (2001): Reifungsprozesse und fördernde Umwelt. Unveränderte Aufl. der dt. Ausg. von 1974. Gießen: Psychosozial.

Dank

Besonderer Dank gilt Frau Professorin Dr. Cornelia Muth. Sie hat mir nicht nur die Tür zu Martin Bubers Dialogphilosophie geöffnet, sondern ist auch in vielen Begegnungen mit mir hindurch gegangen. Ohne ihre Bereitschaft zu antworten wäre dieses Buch nicht entstanden.

Ebenso danke ich Frau Dr. Rainhild H. Feldmann-Giese für zahlreiche Dialoge, die mich in den vergangenen Jahren in meinem eigenen Werden unterstützt haben, sowie für den anregenden fachlichen Austausch, der den Schreibprozess bereichert hat.

Ursula und Gerd Lüdeling haben die mühselige Korrekturarbeit engagiert übernommen. Dafür und für die großzügige Unterstützung bei den logistischen Herausforderungen, die sich im Versuch von Vereinbarkeit von Familie und wissenschaftlicher Arbeit stellen, danke ich ihnen.

Mein Mann Klaus Windel hat mich in liebevoller Unterstützung begleitet. Seine Bereitschaft zum Dialog und zur kritisch-konstruktiven Auseinandersetzung bereicherten die inhaltliche Beschäftigung mit dem Thema. Ihm und unseren Kindern Anne-Sophie, Friederike und Johannes danke ich für Geduld und Verständnis, die sie oft aufbringen mussten.

„Um ein Kind zu erziehen braucht es ein ganzes Dorf“, sagt ein afrikanisches Sprichwort. Um ein Buch zu schreiben bedarf es nicht viel weniger. In diesem Sinne danke ich allen „DorfbewohnerInnen“, die nicht namentlich aufgeführt sind, die aber durch Begegnungen und Gespräche zum Gelingen dieses Buches beigetragen haben.

***ibidem*-Verlag**
Melchiorstr. 15
D-70439 Stuttgart
info@ibidem-verlag.de
www.ibidem-verlag.de
www.edition-noema.de
www.autorenbetreuung.de

Zeitfracht Medien GmbH
Ferdinand-Jühlke-Straße 7
99095 Erfurt, Deutschland
produktsicherheit@kolibri360.de